図解&事例で学ぶ

問題解決の教科書

船井総合研究所・上席コンサルタント
川原慎也 監修

桝本誠二 著

JN187948

マイナビ

はじめに

ビジネスは、様々な問題が発生するもので、あらゆる場面で問題解決力が問われます。

では問題解決の方法とは、どんなものか、簡単に紹介しましょう。

まず、あなたの悩みを紙に書いてみてください。

「部下からの信頼がない」「営業成績が上がらない」「給料が上がらない」など、役職や立場によって悩みは異なるでしょう。

例えば、「部下からの信頼がない」という問題であれば、「なぜ信頼がないのか？」を考えてみます。一人で考えても、わからない。そういった場合は、まず周りの人に聞いてみましょう。直接、自分への情報がなくても、交流会やSNSなどのコミュニケーションツールを使って、いろんな類似情報を集めてみてもよいでしょう。その情報の中には、あなたの気分を害するようなものがあるかもしれませんが、そこから目を背けては、問題解決はできません。それらの情報を冷静に分析し、改善策、つまり問題解決策を見つけ出すのです。

「なぜ自分に信頼がないか、わかっている」という人も、再度、それが真因なのか、確かめるために情報を集めてみましょう。その真因から対策案を考えてみます。対策案ができれば、あとは実行するのみです。

しかし、長い間、抱えてきた問題の中には、そう簡単に解決できないものもあるでしょう。原因がわかっていても、対処できない悩みもあります。

また解決策を実行したのに、一向に問題が解決されないからといっても、諦めてはダメです。トライアル・アンド・エラーを繰り返すことで、少しずつ改善していけばよいのです。

身近な悩みの解決策を考えてみましたが、多くの問題解決は、同じような流れで対策を行います。もちろん、事業での問題解決は単純はありませんが、流れは同様です。

情報を集め、問題は何かを探り、分析し、問題点を絞り込みます。その問題点の解決策を探し、見つかったら、実行します。実行し、うまくいかなければ、そのうまくいかなかった情報を加味した中で、再度分析し問題解決策を探します。これを繰り返し、問題が解決に至れば、目標達成ということになります。この一連の作業を社内で日常業務化すると、問題解決というより、問題発生予防にもなるのです。

本書は、このような問題を解決するための入門書です。次の8つの章に分け、図解を入れながら、問題解決方法をわかりやすく解説することに努めました。

第1章　問題解決とは？
第2章　まずは仮説を立てる
第3章　情報を集める
第4章　分析する
第5章　問題を突き止める
第6章　問題の解決方法を探る
第7章　問題解決方法を実行する
第8章　問題解決方法を定着させる

第1章では、「問題解決とは、何か？」、またそのための一連の流れを紹介します。世の中には、様々な問題がありますが、問題解決のための考え方には、そう違いはありません。問題点を見つけて、それに対する解決策を探し、実行するというものです。

第2章では、仮説を立てることの重要性について書いています。問題解決策を講じる場合、まず仮説がなければ、対策の一歩を踏み出すことはできません。

第3章では、情報収集の方法や情報を集める視点などを紹介します。「何のために情報を集めるのか？」「どこから情報を集めるのか？」など、単に情報といっても、様々な観点から考えていかなければなりません。

第4章では、集めてきた情報を分析します。あらゆる問題を正確に解決するには、一つの分析方法では難しいのです。そこでいくつかの代表的な分析方法を紹介します。

第5章では、分析した結果、問題点を絞り込む方法を書いています。問題ではなく、問題点です。大まかな問題提起では、優れた解決策は見つかりません。絞り込んだ問題点を見つけることで、より効果的な問題解決策をつくることができるのです。

第6章では、解決策をつくります。様々な解決策はありますが、ただ問題点の改善だけに目を奪われることなく、「企業イメージにあった解決策」を選択するというポイントもはずせません。

第7章では、実際に問題解決策を実行するときに、必要な知識を紹介します。中小企業では、通常業務の傍ら、社内のチームで問題解決を行うことが多いでしょう。その際、問題解決策の実行に多くの時間が取られてしまうと、通常業務がおろそかになってしまいます。問題解決策を、単に実行するだけでは、これまでの業務バランスが崩れてしまうということなのです。

また解決策を実行しながら、そのプロセス情報を共有するためのツールを持つことも重要です。

第8章では、問題解決の一連の作業をどのようにして社内に定着させるかという点について、紹介しています。「問題解決をし続けることで会社は成長する」と先述しましたが、一度、問題を解決できたから、それで終わりというわけではありません。

問題解決方法、また予防対策方法をどのようにしたら、通常業務と同様に扱うことができるのか、定着させることができるのか、が一番重要です。

第1章から第8章までの作業を行えるようになれば、ちょっとした問題では、ビクともしない人になっていることと思います。しかし、自分一人では解決できないような大きな問題が発覚したら、会社や専門家の力を借りることも忘れてはいけません。

本書が、少しでも、みなさまの問題解決のお役に立てたら、幸いです。

桝本誠二

目次

はじめに……3

第1章 問題解決とは？……19

1-01 あらゆる問題が目的の達成を拒む……20
問題とは理想と現実のギャップ

1-02 問題解決の手順を知ろう……22
問題解決は分野が違っても同じ思考で行える

1-03 問題解決のために仮説を立てよう……24
「仮説を立て実行」の繰り返しで問題を解決する

1-04 問題解決のための情報を集めよう……26
情報収集力の差が明暗を分ける

1-05 問題を分析しよう……28
様々な分析方法を利用する

1-06 問題ではなく問題点を突き詰めよう……30
問題点を突き止める「なぜなぜ分析」

1-07 問題を解決するサイクルを知ろう……32
解決するまでひたすら実行

1-08 「問題ない」が一番の問題……34
現状維持は衰退の原因

コラム 問題があるということは、伸び代があるということ……36

第2章 まずは仮説を立てる

まずは仮説を立てる……37

2-01 あらゆる問題は大きく4タイプに分けられる……38
発生型・理想追求型・将来とのギャップ型・想定型

2-02 ゼロベース思考と仮説思考をマスターしよう……40
素早く情報収集・分析をして仮説を立てる

2-03 「なぜなぜ5回」で真因に迫ろう……42
問題点を見つける方法

2-04 合意形成が難しいことを認識しよう……44
「同じ問題認識を持つ」ことの困難さ

2-05 問題を状態化しよう……46
問題を整理していくと「状態化」が可能

2-06 問題解決に必要な3ステップ……48
何を・何に・どうやって

2-07 もう一方の仮説で検証しよう……50
仮説が正しいかどうか判断するための仮説

2-08 仮説より事実を重要視しよう……52
新たな事実から再分析し、新たな仮説を作る

コラム 全ての成長は仮説から始まる……54

第3章 情報を集める……55

3-01 3Cの視点から情報を集めよう……56
目的によって集める情報は変わってくる

3-02 6W2Hでより正確な情報を集めよう……58
派手な文章や表現に惑わされず、事実だけを吸い上げよう

3-03 3×3思考で情報を聞き出す……60
インタビュアーによって情報の質や量は変わる

3-04 3タイプの情報引き出しテクニックを駆使しよう……62
モチベーションの違いで引き出し方を変える

3-05 インタビューシートを活用しよう……64
より多くの情報を短期間で集めるには

3-06 原因として可能性のあるものは全てあげよう……66
どんな意見も一つの情報
3-07 全ての情報にはバイアスがかかっている……68
客観的な視点や俯瞰して物事を見る習慣が必要
3-08 真意を見つけるために外すべき7つのカギ……70
本質を見分ける
3-09 How思考の落とし穴に気をつけよう……72
答えが見つからないまま堂々巡りを繰り返す
3-10 「仮説は正しい」と思い込みすぎない……74
仮説が間違ったときは事実に戻ろう
3-11 巷にある情報から事実だけを集めよう……76
気づかないうちに事実ではない情報を集めている
コラム データは嘘をつく……78
第4章 分析する……79
4-01 4Wで感度のよい切り口を探そう……80
When・Where・Who・What
4-02 分析の優先順位を決めよう……82
割り当てられる時間は決まっている

4-03 ABC分析で無駄な時間をカット……84
分析する上でのプライオリティをつける

4-04 3つの分析方法……86
回帰分析・判別分析・主成分分析

4-05 論理の飛躍に気をつけよう……88
意見の真偽の判断が難しくなる

4-06 大きすぎる問題の対処法……90
問題は解決できる大きさまで小さく刻む

4-07 内部環境を分析する3つの視点……92
プロセス・経営資源・組織風土

4-08 シナリオ分析でリスクを回避しよう……94
大きな打撃を受けない対策を

コラム メジャーリーグで主流の情報分析方法、セイバーメトリクス……96

第5章 問題を突き止める……97

5-01 10年後のビジョンを明確にしよう……98
10年後に生き残る企業になる

5-02 問題解決の目標を決めよう……100
結果を具体的に数値化する

5-03 タテとヨコの質問で問題点を探そう 102
タテの質問とヨコの質問

5-04 問題を明確にする3要素で問題点を特定 104
正しくとらえる・適切に絞り込む・論拠をつける

5-05 MECE(ミーシー)で問題を正確にとらえよう 106
Mutually Exclusive and Collectively Exhaustive

5-06 ECRSで斬新な商品開発を実現しよう 108
Eliminate・Combine・Rearrange・Simplify

5-07 KSF分析で自社の強みを自覚する 110
Key Success Factors

5-08 4Pのフレームワークで問題を考えよう 112
Purpose・Position・Perspective・Period

5-09 三現主義で確定しよう 114
現場・現物・現実

5-10 論拠をつけて問題を特定しよう 116
問題点の洗い出しが不十分だと誤った論拠に振り回される

5-11 真因は表層的な問題の裏にあるわけではない 118
簡単だと思いがちな問題ほど究明は慎重に

5-12 曖昧な日本語は使用しないように! 120
どのようにでも解釈されるような言葉は避ける

コラム フレームワークは問題解決の方式 122

第6章 問題の解決方法を探る

第6章 問題の解決方法を探る……123

6-01 問題設定から解決に至る流れを知ろう……124
4つの問題設定の解決への流れ

6-02 解決策の仮説を立てよう……126
仮説でのトライアル・アンド・エラー

6-03 できること・できないことを明確にしよう……128
問題がコントロールできるかできないか

6-04 他責では解決策は見つからない……130
裁量権と責任は表裏一体

6-05 責任の所在を明確にしよう……132
裁量権と責任は表裏一体

6-06 どの原因に手を打つのか考えよう……134
問題解決の効果・実現性・検討の効果を高める方法

6-07 解決にあたる人材選びが明暗を分ける……136
経験者やそれなりの能力を持った人が必要

6-08 プロコン分析で解決策を決めよう……138
長所と短所を並べて比較

6-09 企業イメージにあった解決策を選択しよう……140
対応いかんで企業イメージがアップ

コラム 問題解決のためなら、上司でも使う……142

第7章 問題解決方法を実行する……143

7-01 悩みの解消＝問題解決はない……144
感情に流されない判断を心がける

7-02 漠然とした不安が優先順位を狂わせる……146
優先順位の間違い

7-03 顧客と競合を常に意識しよう……148
ミクロ視点に注意

7-04 3つの視点で「あるべき姿」を固定しよう……150
Will・Can・Must

7-05 危機感と余裕が問題解決を遂行させる……152
解決策を実行するときこそ危機感を持つ

7-06 解決対策にとらわれすぎない……154
トライアル・アンド・エラー

7-07 KGI、KPIを定めて指標化しよう……156
KGIとKPI

7-08 情報共有システムを構築しよう……158
情報の共有は昔から重要視されている

7-09 達成度を数値で把握しよう……160
対象・意図・実施事項

7-10 問題解決のための目標設定4要素……162
指標・現状値・目標値・達成期限

コラム リーダーは2人いてはいけない……164

第8章 問題解決方法を定着させる……165

8-01 方針管理と日常管理で問題解決……166
方針管理・日常管理

8-02 業務の日常管理シートで予防……168
チェックシート・業務日報

8-03 5つのプロセスで標準化と管理を行おう……170
誰もができるシステムにする

8-04 タスクを「見える化」で進行管理しよう……172
タスク別進行表

8-05 マイルストーンを設定しチェック機能を生かそう……174
細かくマイルストーンを設定する

8-06 効果の確認は期限厳守で！ 176
検証と期限
8-07 ナレッジマネジメントを極めよう 178
ナレッジの収集と活用法
8-08 PDCAは問題解決に最適 180
PDCAは組織に変化をもたらすマネジメント手法
8-09 協働誘発力、問題解決力、組織管理力 182
リーダーシップ・コミュニケーション・モチベーション
8-10 ビジョンを共有し問題解決サイクルを作る 184
ジョン・コッターの8段階のプロセス
8-11 予防対策を加味したSWOT分析 186
新たなビジョンを明確にしよう
8-12 問題解決に終わりはない 188
標準なきところにカイゼンなし
コラム 問題解決に2つとして同じものはない 190
おわりに 191
参考文献一覧 195

第１章

問題解決とは？

1-01

あらゆる問題が目的の達成を拒む

問題とは理想と現実のギャップ

▼大きな問題をクリアすれば大きな成功に近づく

生きていれば、大小関係なく多くの「問題」に出合います。仕事上でも様々な問題が発生し、その解決に追われてしまう人も多いでしょう。**問題とは「あるべき状態と現在の状態の差」**です。その差の大小と緊急性などが、問題の大きさを表しますが、本質は、大きさに関係なく、「その差」をどう埋めるかということです。会社組織や各チーム、部署で目標を決め、その目標に向かって仕事をしていきますが、目標を達成できなかったときに、「なぜ目標を達成できなかったのか」という点がさらなる問題になるのです。逆にその意識なく目標を達成できたという人は、いつのまにか目標達成を邪魔する諸問題を解決していた、ということにほかなりません。問題とは、現状を脅かすマイナス要素だけではなく、自分が何かを達成しようとしたときに、その障害となるものも含まれます。

つまり、目標達成を阻害する事情や出来事、これが問題になるのです。ですから大きな問題をクリアすればするほど、大きな成功へ近づいているといえるでしょう。

「問題」とは何か

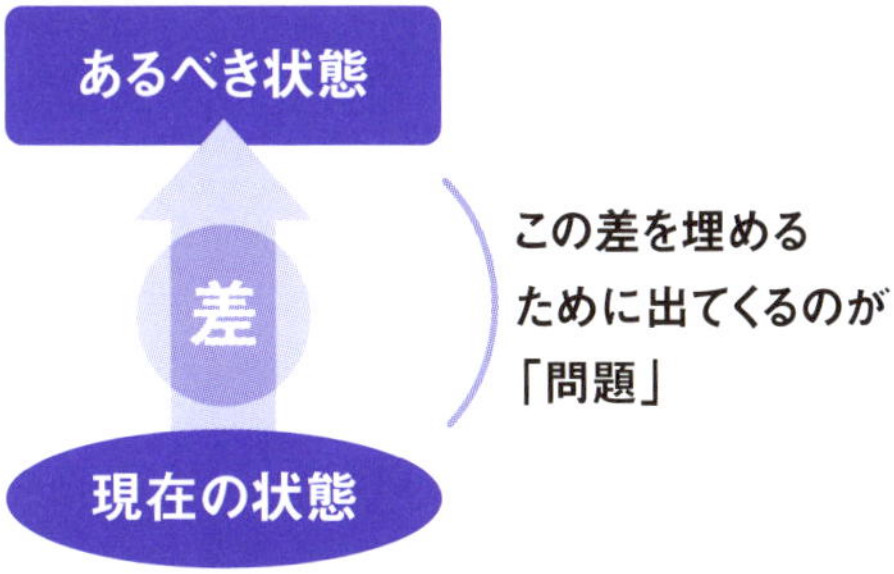
あるべき状態
差
この差を埋める
ために出てくるのが
「問題」
現在の状態

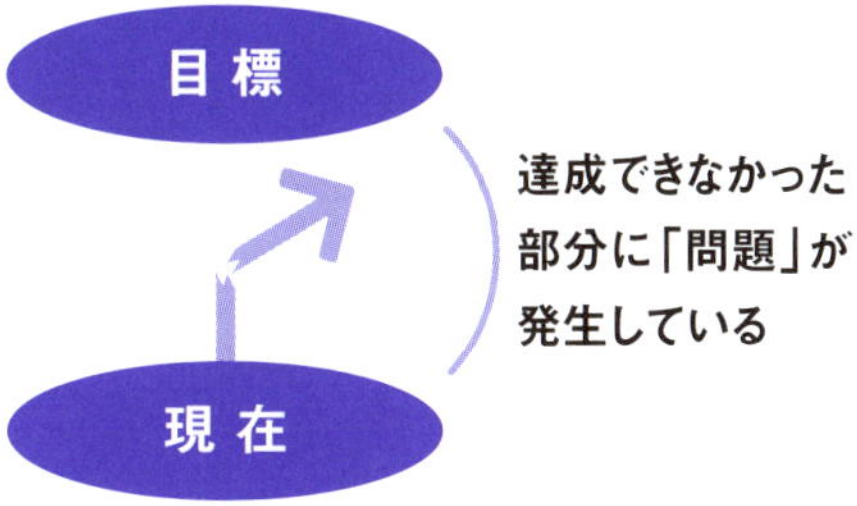
目標
達成できなかった
部分に「問題」が
発生している
現在

問題とは、

- 現状を脅かすマイナス要素
- 何かを達成しようとしたときにその障害となるもの

||

目標達成を阻害する事情や出来事

**大きな問題をクリアすればするほど
大きな成功へ近づく!**

1-02

問題解決の手順を知ろう

問題解決は分野が違っても同じ思考で行える

▼問題解決とはどのように展開すべきなのか

問題解決の手順は、業種が異なったり分野が違ったりしても基本的に同じ思考で行います。例えばトヨタ自動車であれば、「①問題を明確にする、②現状を把握する、③目標を設定する、④真因を考え抜く、⑤対策計画を立てる、⑥対策を実施する、⑦効果を確認する、⑧成果を定着させる」というように問題解決のために8つのステップを提唱しています。その他、「①Where（問題はどこにあるのか）、②Why（その問題の原因は何か）、③How（どうすればよいのか）」を考えていく3ステップや、「①問題の発見、②課題の設定、③解決策の検討、④解決策の実行、⑤解決策の評価」という順番に展開させていく5ステップなど、段階こそ異なりますが手順は同じようなものです。つまり、**問題をあぶり出し、明確化したら、問題の解決策を探ります**。どのような手法で解決するかが決まれば、それを実行し、完全に改善できなければ、改善策の修正を行い、再度実行します。このようにして問題解決ができたら、今度はその解決方法や予防法をシステム化し定着させるのです。

問題解決の基本的な手順

8ステップ

①問題を明確にする
↓
②現状を把握する
↓
③目標を設定する
↓
④真因を考え抜く
↓
⑤対策計画を立てる
↓
⑥対策を実施する
↓
⑦効果を確認する
↓
⑧成果を定着させる

5ステップ

①問題の発見
↓
②課題の設定
↓
③解決策の検討
↓
④解決策の実行
↓
⑤解決策の評価

3ステップ

①Where
（問題はどこにあるのか）
↓
②Why
（その問題の原因は何か）
↓
③How
（どうすればよいのか）

問題解決ができたら、今度はその解決方法や予防法をシステム化し定着させる

1-03

問題解決のために仮説を立てよう

「仮説を立て実行」の繰り返しで問題を解決する

▼トライアル・アンド・エラーの問題解決法

仮説方法を使って問題を解決する場合は、スピードを重視します。幅広くじっくりと情報を集めて熟慮するのではなく、限られた時間・情報の中から、瞬時に様々な状況を考え、仮説を立て、トライしてみます。それがうまくいかなければ、その失敗データを含め、再度仮説を立て実行します。この繰り返しで目標とする問題解決を試みるのです。現在の情報化社会では、このようなトライアル・アンド・エラー方式の問題解決方法が多いようです。重要なことは、とりあえず結果を出すこと。まず一歩を踏み出さなければ、試行錯誤もできません。出した結果に対して、「Why？（その原因は？）」という質問を投げかけます。

例えば、売上が下がってきた和菓子屋に「Why？」をぶつけてみます。「競合店の影響で客数が減ってきた」「客単価が下がってきた」という答えが出ると、「最も売上に悪影響を及ぼしているものは何か」を考えていきます。つまり**仮説から問題を解決させるということは、試行錯誤しながら目標を達成していくことと同じ**なのです。

問題解決には「仮説」が必要

仮説　正しいか間違いかということはさておき、今ある情報で仮の説を立てること。迅速に問題解決を行うには、欠かせない考え方

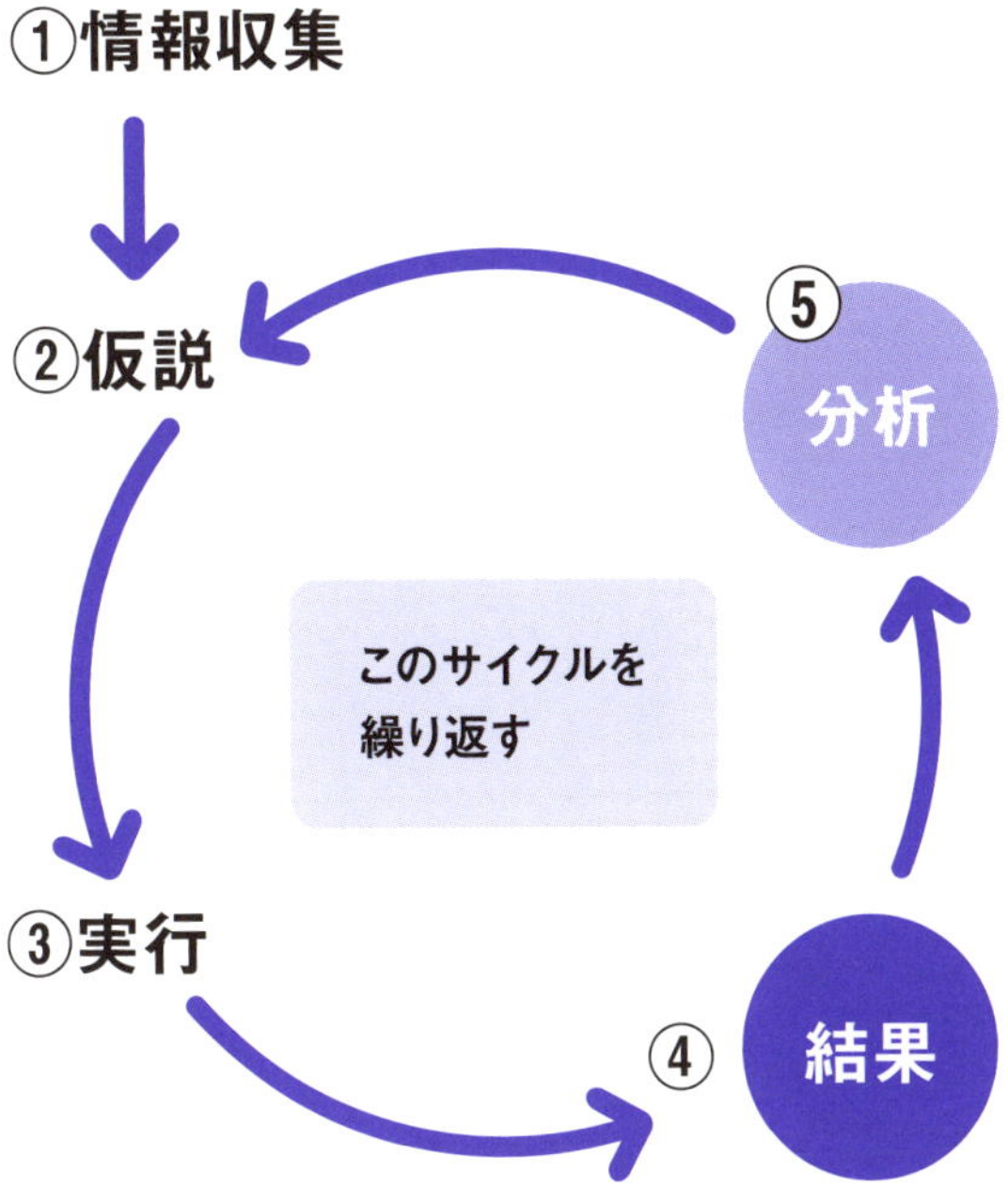

①情報収集
②仮説
③実行
④結果
⑤分析
このサイクルを繰り返す

現在の情報化社会ではネットビジネスで多用されるトライアル・アンド・エラー方式の問題解決方法が多い

1-04

問題解決のための情報を集めよう

情報収集力の差が明暗を分ける

▼どのような情報があるのか？

問題を解決する上で「情報」は非常に重要です。情報がなければ、情報分析もできず、新たな目標を立てることも難しいでしょう。現代の情報はネットや新聞、雑誌など、様々な媒体から入手することができますが、盲信してはいけません。特にウィキペディアに代表されるネットの事典は虚実ないまぜの可能性も高く、重要な問題解決のための情報としては使用を避けましょう。また新聞においても、その新聞社の意向や方向性がありますので、各社によって取り扱う情報や、その文章が変わってきます。数社の新聞を客観的に読むのもよいでしょう。さらに参考にするデータ自体が、どのように集められ、どのような人が回答しているのかなどの情報源も加味して情報は扱います。

様々な情報の中でも、新聞、雑誌、インターネットの情報は、誰でも手にすることができます。自分が足で稼いだ独自の情報があれば、より様々な仮説を作ることができるかもしれません。企業においては、**情報収集力の差が、将来の明暗を分ける**ことになるでしょう。

情報収集の注意点

インターネット

ウィキペディアに代表される多くの人の投稿による事典は虚実ないまぜの可能性も高く、重要な問題解決のための情報としては使用を避ける

新聞

新聞社の意向や方向性があるので、各社によって取り扱う情報が変わってくる。数社の新聞を客観的に読む方がよい

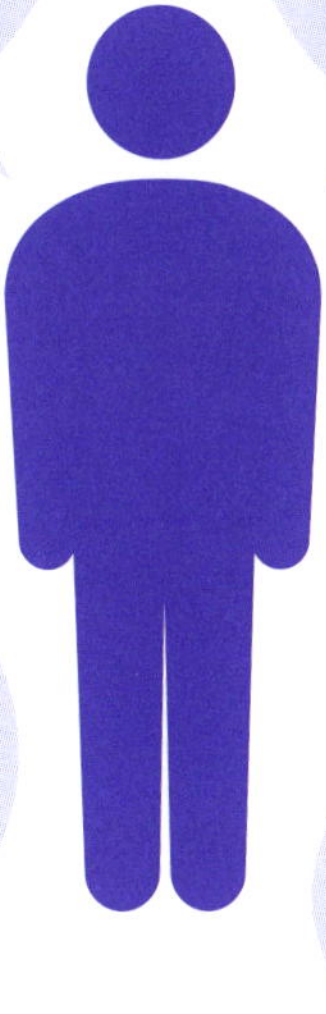

※全ての情報には人のフィルターが入っている

雑誌

データ自体が、どのように集められ、どのような人が回答しているのかなどの情報源も加味して情報は扱うべし

独自の情報

自分が足で稼いだ独自の情報があれば、より様々な仮説を作ることができる

情報収集力の差が
将来の明暗を分けることになる!

1-05

問題を分析しよう

様々な分析方法を利用する

▼問題解決のために必要な分析とは

情報が集まったら、次は「分析」です。この分析力が非常に重要です。詳しくは後述しますが、「ゼロベース思考」や「仮説思考」、そのほかに「フレームワーク」や「マインドマップ」などの分析方法があります。**どんなに精度の高い情報がたくさんあったとしても、問題解決のために分析できなければ、意味がありません**。

まず「何のために分析するのか？」「どのような目標を達成するために情報を分析するのか？」をはっきりさせましょう。次にどのような立場から、その問題を考えるのかを明確にします。営業部長なのか、社長なのか、新人なのかで、同じ問題でもとらえ方や考え方は変わってきます。それにより手法も変わってくるのです。次に「空間軸」と「時間軸」で分析します。「空間軸」での分析とは、会社全体での改善なのか、部署のみでの改善なのかという規模の違いを明確にします。「時間軸」では、問題の解決期限を考えます。不渡りを出した後に資金調達ができても、遅いのです。あらゆる問題解決で、時間は重要です。

分析力が非常に重要

情報

↓

分析

様々な情報は
分析を経て結果を出す

- ゼロベース思考
- 仮説思考
- フレームワーク思考

↓

結果

**どんなに精度の高い情報がたくさんあっても、
問題解決のためにきちんと分析できなければ、
意味がない!**

1-06

問題ではなく問題点を突き詰めよう

問題点を突き止める「なぜなぜ分析」

▼漠然とした問題から正確な問題点を見つける

問題を突き止めるときには、なるべく小さくとらえなければ、問題を解決することはできないでしょう。例えば、お腹が痛いといって病院に行ったとします。お腹のどこかに原因があると考えられますが、それだけでは原因を特定することはできません。診察で問題点を探し出します。それにより、ストレス性の胃痛や胃潰瘍、あるいは虫垂炎といったように病名が判明するのです。問題解決も同じく、**問題ではなく問題点を突き止める**のです。

問題点を見つける代表的な方法に「なぜ」を繰り返す「なぜなぜ分析」があります。目標の売上を達成できないとき、「なぜ達成できないのか？」と問うてみます。すると「顧客が少ないから」と回答が出る。では「なぜ顧客が少ないのか？」「認知度が低い」、では「なぜ認知度が低いのか？」「オープンして間もないから」、そうであれば、「まずは広告やティッシュ配りなどでお店を知ってもらうことから始めましょう」など……と突き詰めていくと目標売上を達成できない原因が明確になり、その対処法も出てきます。

突き詰めるのは問題点

「問題」ではダメ!
問題
目標の売上を達成できない
なぜ?
なぜ?
なぜ?
なぜ?
なぜ?
問題点：
なぜ? → 顧客が少ない
なぜ? → 認知度が低い
なぜ? → オープンして間もない
まずは広告やティッシュ配りなどで
お店を知ってもらうことから始めよう!

1-07

問題を解決するサイクルを知ろう

解決するまでひたすら実行

▼問題解決後は解決法を定着させる

情報が集まり、分析をして、問題点を明確にします。それから解決方法を考え、実行します。実行しても、うまくいかなければ、その結果を踏まえ、試行錯誤します。やがてその問題が解決できたら、ここではじめて目標達成したことになります。一度トライしただけで解決できる問題は、そう多くはないでしょう。「情報収集」→「分析」→「仮説」→「実行」→「結果」、「分析」→「仮説」……と解決するまでひたすら実行を重ねていきます。二度や三度、解決できなかったからといって諦めてはいけません。

さらに**問題解決をした後は、それを定着させるというシステムを構築しましょう**。「なぜその問題が発生したのか？」「どうやって解決したのか」といった経緯や状況などを社内で共有し、今後の問題解決、または発生を防ぐために生かしましょう。大きな問題だけではなく、日々の小さな問題発生の予防のためにもシステム化しましょう。同じような問題に何度も悩まされるようでは、企業の成長は期待できません。

問題を解決するサイクルをシステム化する

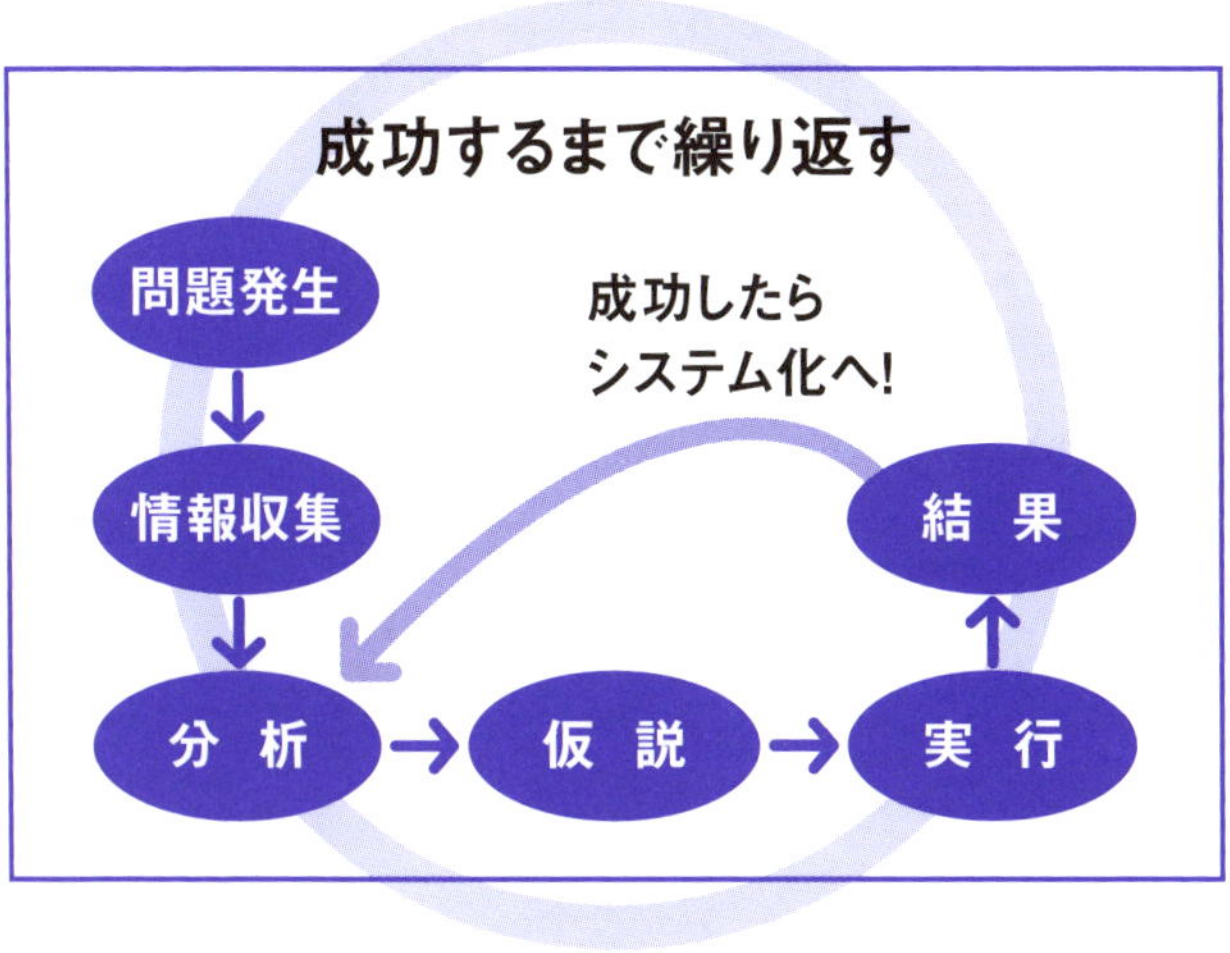

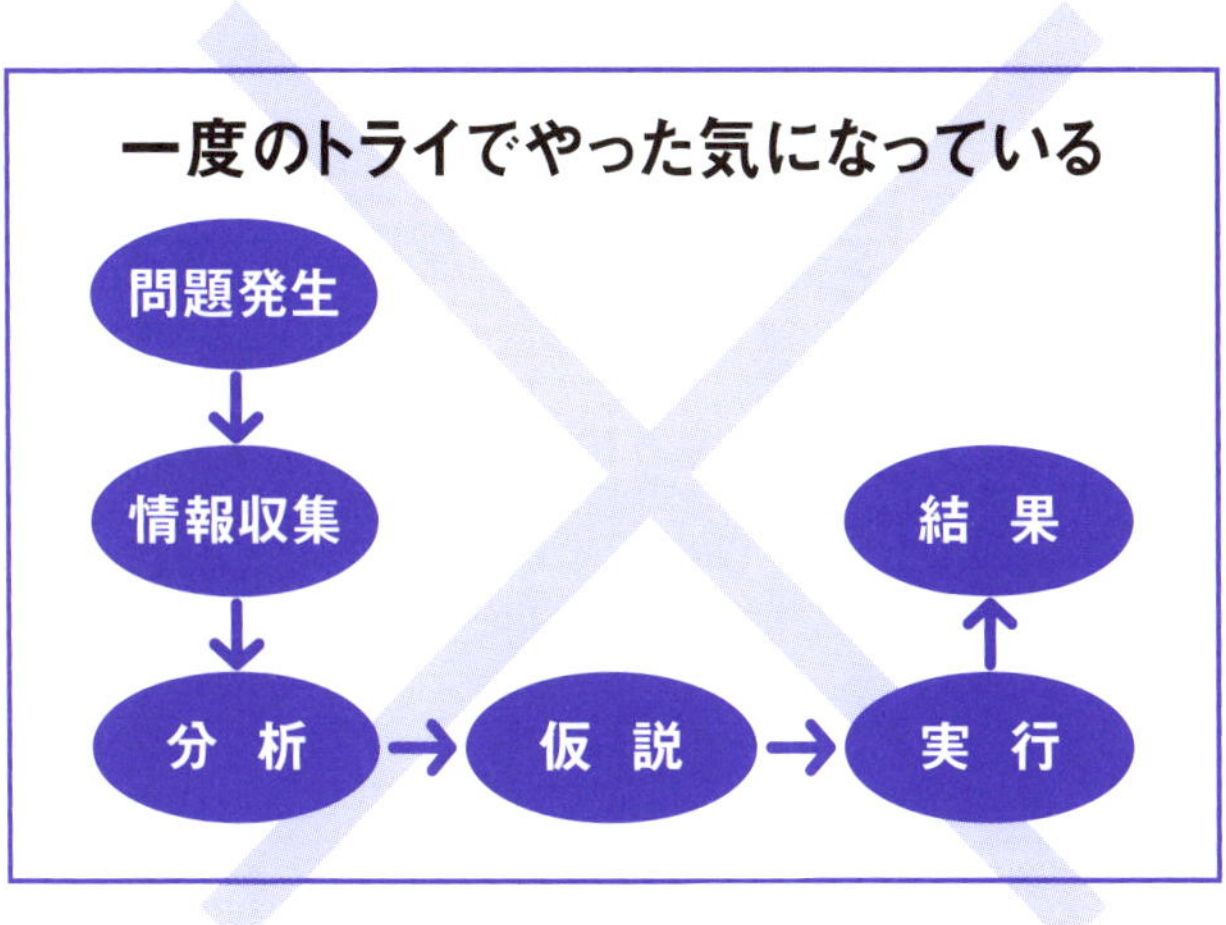

1-08

「問題ない」が一番の問題

現状維持は衰退の原因

▼会社の将来、仕事の未来を描けているか

「うちの会社に問題はない」と考える経営者がいるとしたら、その経営者が一番の問題かもしれません。問題の定義は、「あるべき状態と現在の差」です。「あるべき状態」というのは、理想の姿でもあり、目標を達成した姿でもあります。問題ないという人の中には、「あるべき状態」がわからないという人も多く、会社の将来像や、現在している仕事の先にどんな未来があるのかが描けていないのです。**一見、問題がないようでも、必ず問題点は見つかる**はずです。**それぞれの分野に細かく切り分けて、その一つ一つをチェックすると、**一つ一つ問題点を見つけ、解決できれば、一つ成長したことになります。その繰り返しで、仕事のクオリティーも上がっていき、よいサービスを提供することができ、企業は大きくなっていきます。仮に、現在の状態が理想通りなので、このまま現状維持でよいと考えたなら、非常に危険です。日々進化していく社会の中では、成長を求めず現状維持に徹することは、衰退していく原因になるからです。

「問題ない」が一番の問題

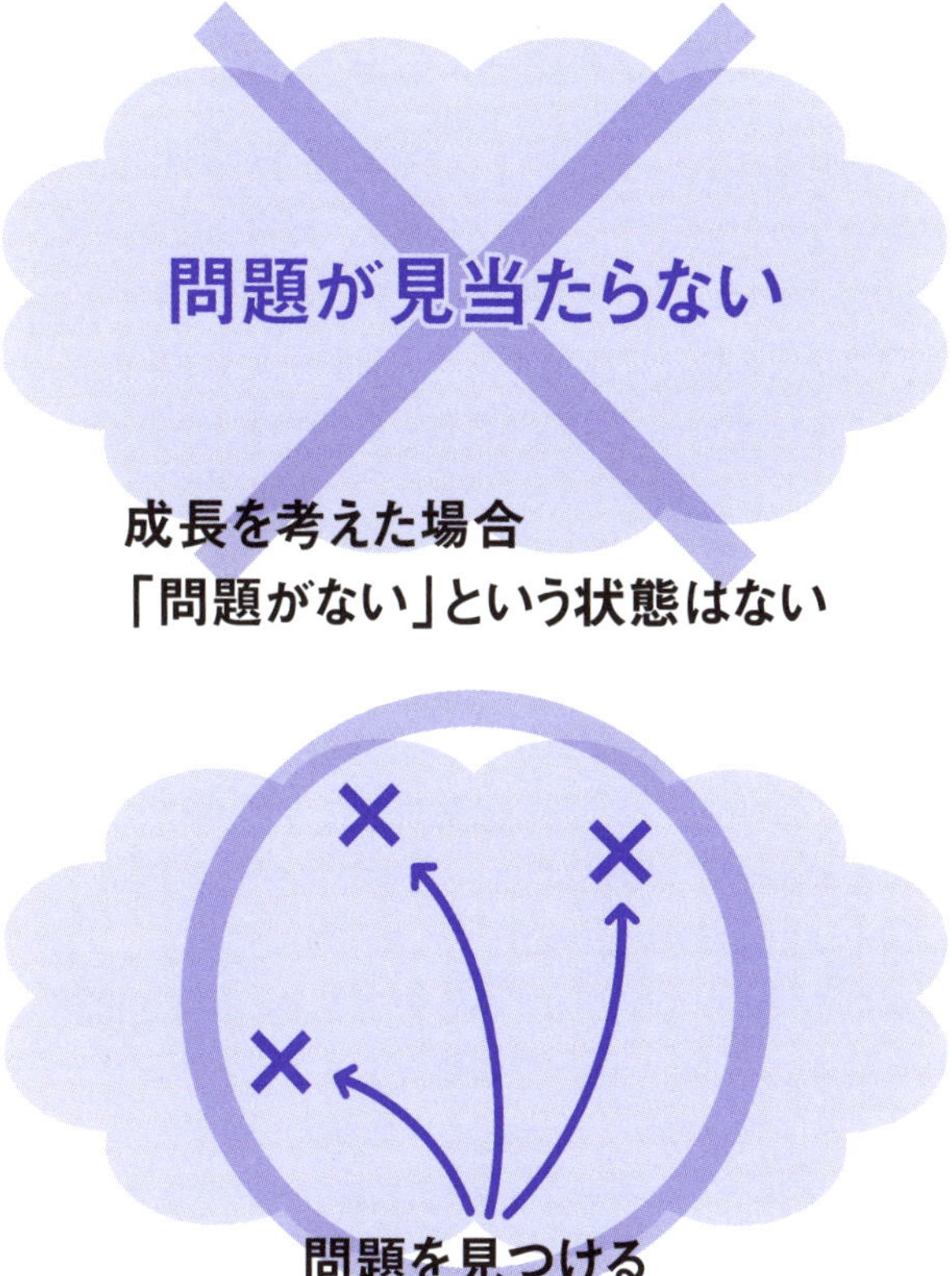
問題が見当たらない
成長を考えた場合
「問題がない」という状態はない
問題を見つける

日々進化していく社会の中では、成長を求めず現状維持に徹することは、衰退していく原因になる

コラム

問題があるということは、伸び代があるということ

問題があるということは、その問題を解決すれば、成長できるということでもあります。成長過程の若者に、よく「伸び代」という言葉を使うことがありますが、この伸び代を使って成長するには問題点を明確にしなければなりません。その問題を解決すれば、一気に伸びるということなのです。

本文で書きましたが、問題点には、目に見えるものと見えないものがあります。目に見えるものであれば、指摘することも簡単ですが、目に見えない問題点をあぶり出すのは容易ではありません。

さらに目に見えない問題を解決した方が、大きな成果が上がることがあります。基本的な会社の体制やシステムに問題がある場合、「灯台下暗し」のように、なかなか気づかないことがあるのです。この根本の問題を解決することで、一気に成長するケースがあります。これを言い換えると会社の「伸び代」です。

問題解決は、マイナスをゼロに戻すだけではなく、ゼロをプラスにすることも問題解決なのです。なぜならば、成長するとは目標達成を阻む問題を一つひとつ洗い出し、解決していくことだからです。

第2章

まずは仮説を立てる

2-01

あらゆる問題は大きく4タイプに分けられる

発生型・理想追求型・将来とのギャップ型・想定型

▼4タイプを理解しよう

問題は「発生型」「理想追求型」「将来とのギャップ型」「想定型」と、大きく4つのタイプに分けられます。まず「発生型」は、トラブルなど誰の目から見ても明らかに問題だとわかるものです。顧客から突然電話が入り、納入した商品の数が違った、不良品が入っていたなどが、これにあたります。次に「理想追求型」は、将来の理想的な会社を追求したときに出てくる問題点です。例えば、現在は1店舗のみでの営業ですが、将来的には全国展開したいという理想を持ったとき、どうやって人員を増やし、教育するのか、また全国の市場調査など、様々な問題点が出てきます。「将来とのギャップ型」は、将来、起きるかもしれない問題点を洗い出します。例えば、農家であれば、近年、話題のＴＰＰにどういう対処をすべきかを事前に考えます。将来とのギャップ型の思考は、発生型の問題を予防するためにも使えます。「想定型」は、ありたい姿を想定し、それとのギャップをどう埋めるかが問題となります。つまり、「ありたい現状と現在の差」ということです。

問題の4タイプ

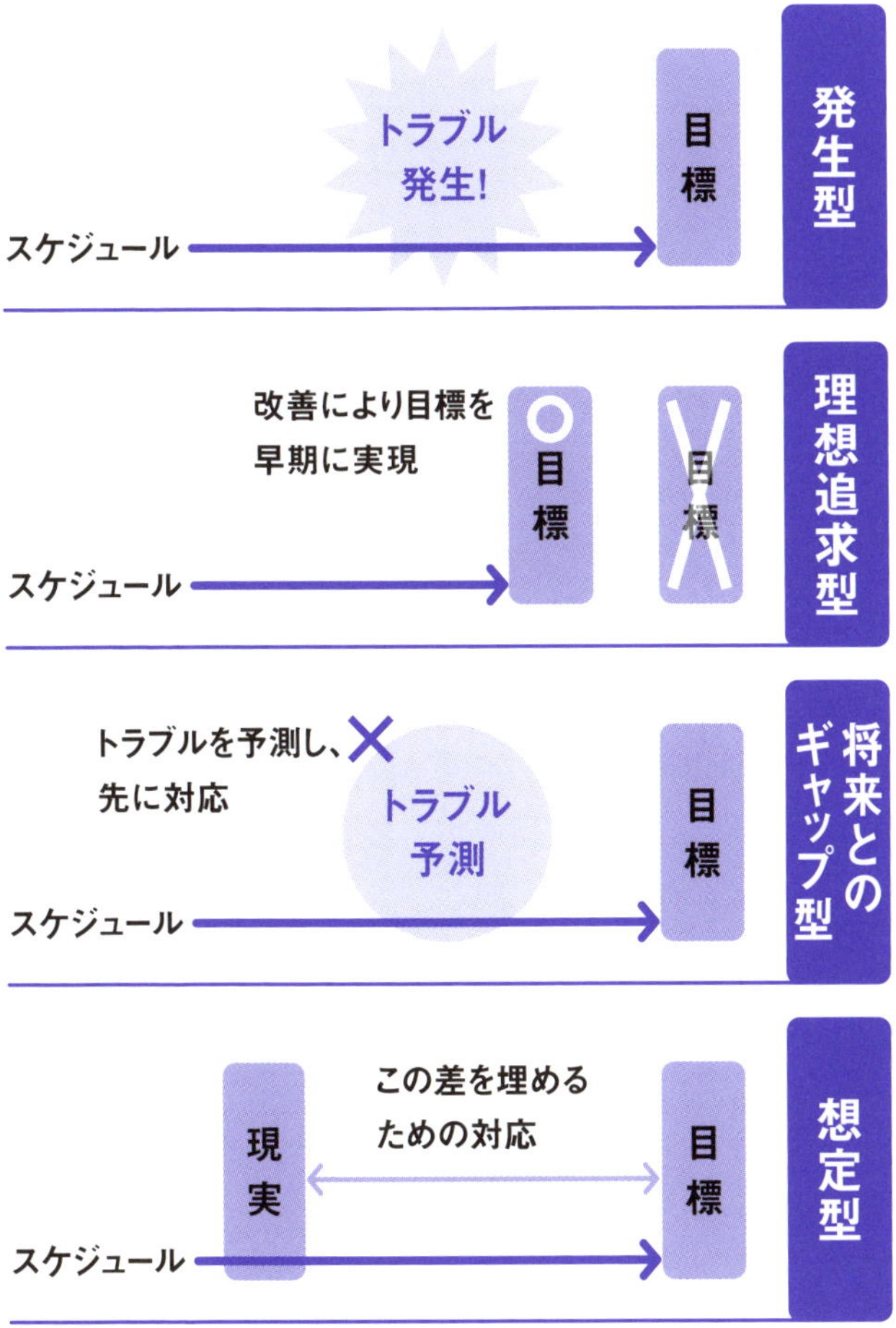

発生型
トラブル発生!
目標
スケジュール
理想追求型
改善により目標を早期に実現
目標
目標
スケジュール
将来とのギャップ型
トラブルを予測し、先に対応
トラブル予測
目標
スケジュール
想定型
この差を埋めるための対応
現実
目標
スケジュール

2-02

ゼロベース思考と仮説思考をマスターしよう

素早く情報収集・分析をして仮説を立てる

▼ベストよりベターor根本から問題を考える

「仮説思考」では、限られた時間の中でより早く問題を解決するために、素早く情報収集・分析をして仮説を立てます。その結果を踏まえ、再度仮説を立てるトライアル・アンド・エラーで進めていきます。重要なのは「ベストよりベター」という考え方。ベストを求めるための熟慮よりも実行を優先することで検証、改善していける案件に向いています。

一方、既成概念にとらわれることなく、広い範囲でその根本から問題を考える**「ゼロベース思考」は、旧態依然とした体制を改善したり、斬新な商品を開発するときに最適です**。

アイフォーンを世に出したスティーブ・ジョブズは、ゼロベース思考で商品開発を行っていました。例えば、新しい携帯電話を作るときに、これまでの携帯電話の問題点を洗い出し、その改善をしていくのではなく、「顧客は、どのような電話を携帯したら喜ぶのだろう」と問うてみます。これまでの携帯電話の概念を一度頭から切り離し、「携帯する通信機器」「持ち運べる便利グッズ」という観点から発想していくのです。

ゼロベース思考と仮説思考

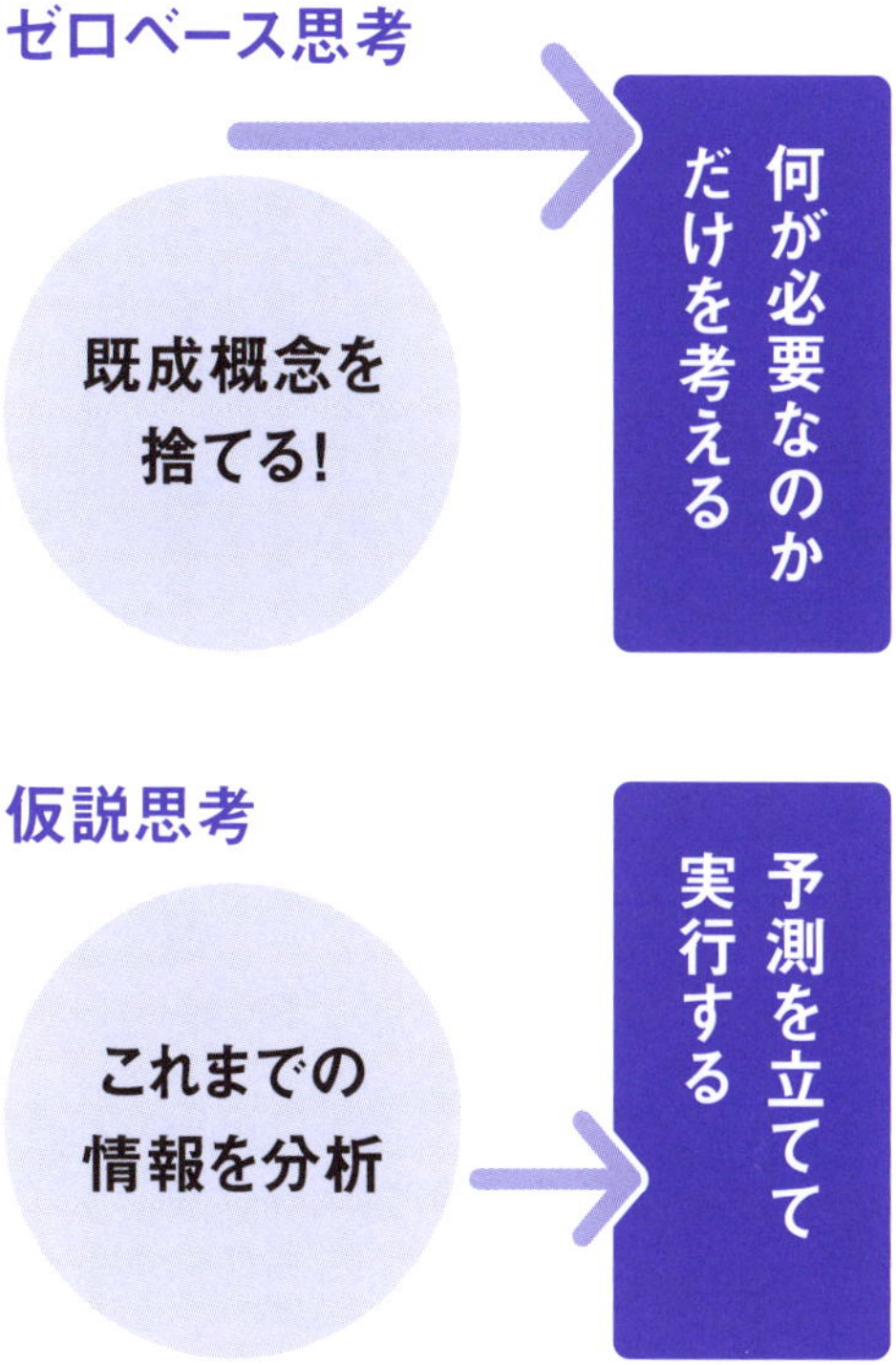

「仮説思考」は、限られた時間の中でより早く問題を解決するために、素早く情報収集・分析をして仮説を立てる

2-03

「なぜなぜ5回」で真因に迫ろう

問題点を見つける方法

▼答えが出たと思っても「なぜ？」を繰り返してみる

問題点を見つける方法「なぜなぜ5回」は、全てにおいて5回自問自答しなさいということではなく、2、3回で真因が見つかれば、それでよいのです。しかしそれでは見つからない問題の方が多いでしょう。そのため**5回にとらわれず、10回でも20回でも問題の真因が見つかるまで問い続けます**。

しかし、考え方を誤ると堂々巡りの状態になることがあります。あるプロ野球球団の観客数が減少している場合、「なぜお客様は入らないのか？」→「スター選手がいないから」→「なぜスター選手がいないのか？」→「スター選手は、年俸が高く今の収益では雇うことができない」→「なぜ収益がないのか？」→「観客が入らないから」。これでは、いつまでたっても答えは出ません。この場合、「なぜお客様は入らないのか？」→「スター選手がいないから」に問題があるのかもしれません。「スター選手がいなくてもお客様を呼ぶ方法はないのか？」を考えてみます。ファンが多くなれば必然的にスター選手は生まれるでしょう。

なぜなぜ5回の例

問題　ある店舗で集客できない

なぜ①

サービスが悪い

↓

なぜ②

スタッフの対応が悪い

↓

なぜ③

社員教育が行き届いていない

↓

なぜ④

社内に指導できる人材がいない

↓

なぜ⑤

新規参入のため、会社に接客ノウハウがない ← **真因**

「なぜなぜ5回」は、全てにおいて5回自問自答しなさいというのではなく、2回、3回で真因が見つかれば、それでよい。逆に5回でも真因が見つからなければ5回にとらわれず、10回でも20回でも問題の真因が見つかるまで問い続ける

※2、3回で答えが出たと早とちりしないこと。一度答えが出たと思っても、再確認の意味でさらに2回ほど「なぜ?」を繰り返してみるとよい

2-04

合意形成が難しいことを認識しよう

「同じ問題認識を持つ」ことの困難さ

▼仮説を立てるにあたって現状認識をしっかりと持った上で臨む

みなさんも日々感じていることだと思いますが、組織で仕事をしていると、そこには様々な問題が発生しています。そこで働いているメンバーのほとんどが同じ問題認識を持っていれば、議論を重ねながら問題を解決していくことは難しい話ではありません。

やっかいなのは、**人数が多くなればなるほど「同じ問題認識を持つこと」がとてつもなく困難だということです**。なぜこのようなことが起こるのかというと、一つは所属部署が異なることによる仕事の優先度の違いであり、もう一つは役職が異なることによる問題の捉え方の違いです。

一つ一つの問題についての同意はできるのかもしれませんが、「最も解決すべき重要な問題は何なのか」「組織がさらされている問題の本質はどこにあるのか」といったテーマになるとそれが極めて難しい話になるのです。仮説を立てるにあたっては、このような現状に対する認識をしっかりと持った上で臨む必要があるのです。

合意形成の難しさを認識する

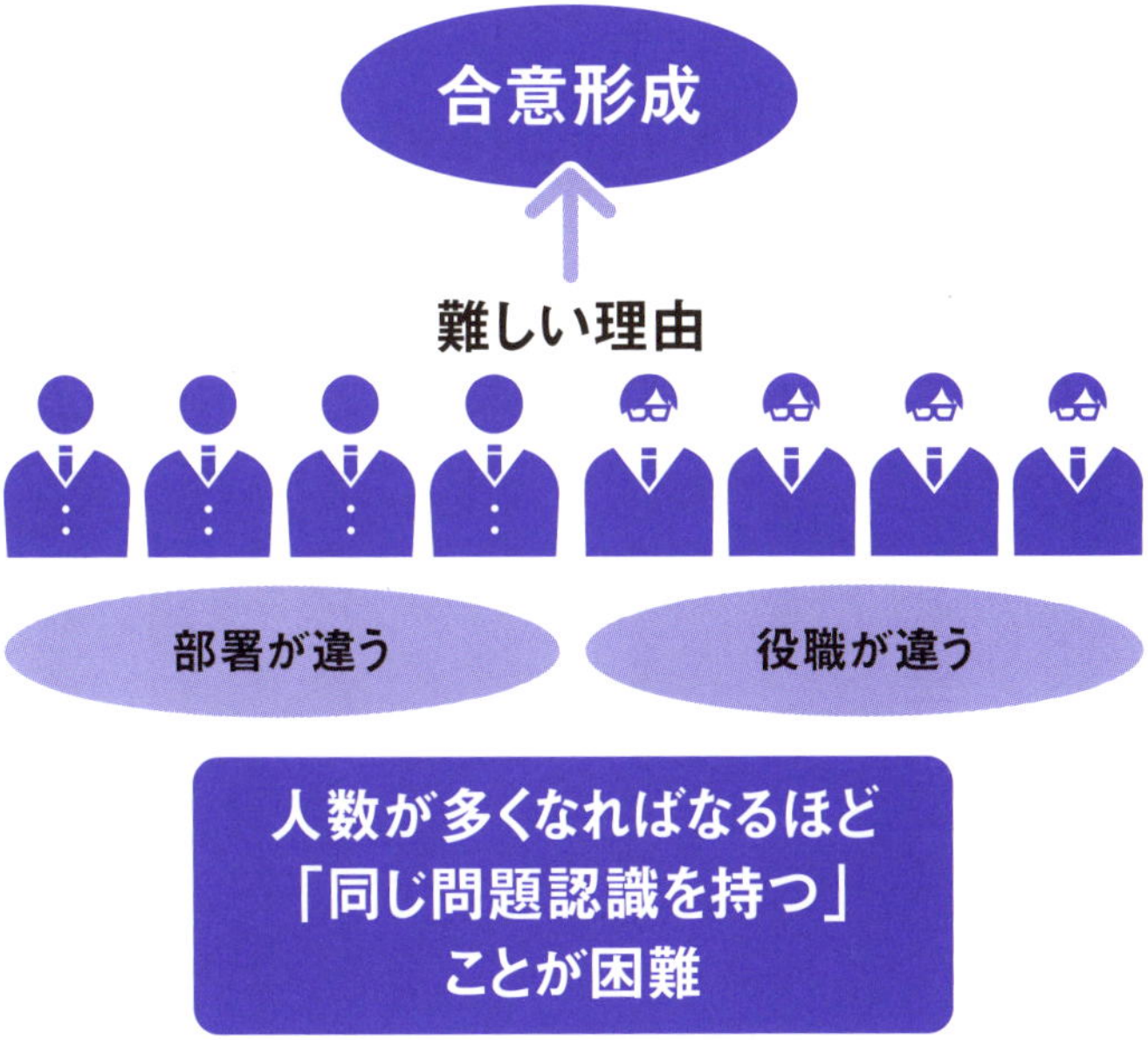
合意形成
難しい理由
部署が違う
役職が違う
人数が多くなればなるほど
「同じ問題認識を持つ」
ことが困難

特に困難なのが、

- 最も解決すべき重要な問題は何なのか
- 組織がさらされている問題の本質はどこにあるのか

仮説を立てるにあたっては、上記のような現状に対する認識を持った上で臨む必要がある

2-05

問題を状態化しよう

問題を整理していくと「状態化」が可能

▼組織が直面する問題は、全て何らかの因果関係にある

問題の本質に切り込みながらも、組織的な合意形成を図っていくためには、問題を状態としてとらえる必要があります。みなさんが考えている仕事上の問題は、それが単独で突然発生しているものではありません。例えば、「部門間のコミュニケーションがとれていない」という問題は、ある日突然発生するような問題ではないでしょう。その問題が発生してしまう原因となるような問題があるはずです。「他部門のことには余計な口出しをしない」といった風土的な問題があるのかもしれませんし、「オフィスの場所やフロアが違う」といった物理的な問題もあるかもしれません。組織が直面しているあらゆる問題は、全て何らかの因果関係の中で発生しているということです。「なぜなぜ分析」について説明しましたが、その手法を活用しながら、**問題をより体系的に整理していくと「状態化」が可能になる**のです。「状態化」の作業を進めると、どれがより本質的な問題なのか一目瞭然になるわけです。

問題を「状態化」するとは

問題

「部門間のコミュニケーションがとれていない」

↑

ある日突然発生する問題ではない

↑

「他部門のことには余計な口出しをしない」

「オフィスの場所やフロアが違う」

因果関係を整理する

↑

「状態化」

「なぜなぜ分析」などを活用しながら、問題をより体系的に整理していくと「状態化」が可能になる

「状態化」の作業を進めると、どの問題がより本質的な問題なのかが一目瞭然

2-06

問題解決に必要な3ステップ

何を・何に・どうやって

▼3ステップで問題の解決策を探る

問題解決に必要なステップを言葉で表現すると、**「何を」「何に」「どうやって」という3ステップ**になります。最初の「何を」で、「解決すべき問題は何か」を見極めます。ここでの見極めは、複数の問題を「状態」としてとらえる必要があります。「何を」というのを、より具体的にいうと「問題にさらされているどんな状態を」ということになります。次に「何に」では、その「問題を解決した状態」、つまり「あるべき姿」を明確にします。最後の「どうやって」が、「あるべき姿」に向かうために、どんな方策をどんな順番で実行していくのか、ということです。経営者や部門の幹部が、挑戦的な高い目標を掲げた際、メンバーがすぐに合意できないのは、「様々な問題に困っているのに上司は理解していない」と不信感を持ってしまうからです。そういった「問題の状態」も全て認識し、「あるべき姿」に向かっていくために、必要な方策をどんどん実行するというメッセージこそが、高い目標に対してもメンバーのコミットメントを得られる方法なのです。

問題解決に必要な3ステップ

①何を

解決すべき問題は何か

※「何を」というのを、より具体的にいうと
「問題にさらされているどんな状態を」

↓

②何に

※「問題を解決した状態」、
つまり「あるべき姿」を明確にする

↓

③どうやって

※「あるべき姿」に向かうために、
どんな方策をどんな順番で実行していくのか、
ということ

**この3ステップは、組織を成長のベクトルに
向かわせるために必要不可欠**

2-07

もう一方の仮説で検証しよう

仮説が正しいかどうか判断するための仮説

▼「効果がある」ことを実証するために「効果がない」ことを実証する

問題解決に直結した仮説と問題を解決するために、社内外の人を納得させるための仮説があります。例えば、自社で集めた市場調査情報と公的に出ている市場調査情報を比べて、どちらの情報が正しいのかを検証します。まず「この2つのデータには、差がない」という仮説を立てます。しかし、現状は差があるわけです。ということは「この2つのデータに差がない」とした仮説は間違いだということになります。

つまり**「差がある」ということを伝えるために、わざと「差がない」という仮説を立てる**のです。また、ある化粧品に肌の若返りの効果があるというデータがあったとします。しかし逆に効果がなかったというデータを出し、「帰無仮説」を立てます。それで検証していくと、「効果がない」という実証が出てこない。ということは逆に「効果がある」ということを表しているにほかならないのです。**「効果がある」ということを実証したいがために「効果がない」という検証をする**のです。

もう一方の仮説で検証しよう

帰無仮説とは?

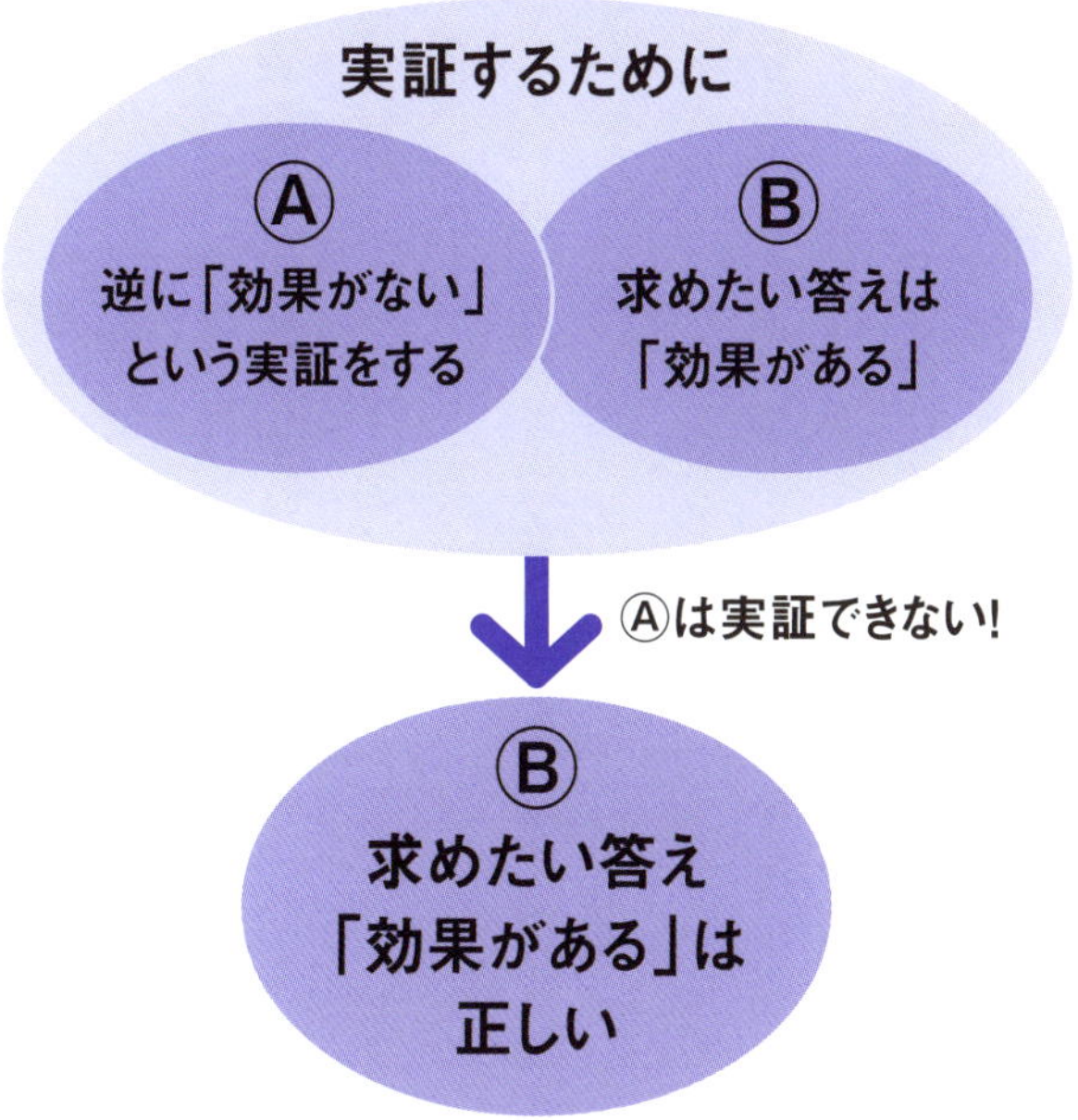
実証するために
Ⓐ
逆に「効果がない」
という実証をする
Ⓑ
求めたい答えは
「効果がある」
Ⓐは実証できない!
Ⓑ
求めたい答え
「効果がある」は
正しい

「効果がない」という実証が出てこない。ということは逆に「効果がある」ということを表しているにほかならない。「効果がある」ということを実証するために「効果がない」という検証をする

※データの分析方法自体を間違えると、何も意味のない結果を生み出すことになってしまうので注意が必要

2-08

仮説より事実を重要視しよう

新たな事実から再分析し、新たな仮説を作る

▼仮説と矛盾した事実が出てきたらどうする?

あなたが、様々な情報を分析して出した仮説を実行しているときに、その仮説と矛盾した事実が出てきたらどうしますか? そのまま実行し続けますか? 事実とは、端的に起きた事象の情報で、そこには嘘も偽りもありません。仮説には意見や主観が入り混じっていますが、事実には偏向した意図は含まれないのです。この事実という情報を無視するのなら、問題解決のプロフェッショナルにはなれないでしょう。もし仮にその事実に目を伏せたままの問題解決策で効果が出たとしたら、本来意図した改善点ではない部分が効果を発したということです。しかし次に同じような問題が起こったときは、この方法では解決できないでしょう。この時点で素直に非を認め、事実を加味したデータを再度分析し、新たな仮説を作ることが、あなたの問題解決力をアップさせるでしょう。事実に勝るものはありません。意固地にならず臨機応変に対応できる柔軟性が欲しいですね。**事実に勝るものはありません**。意固地にならず臨機応変に対応できる柔軟性が欲しいですね。

仮説より事実を重要視

情報をもとに
作った
仮説
事実
うーん
仮説と矛盾
する事実が…
仮説より事実のほうが重要

仮説の誤りを認め、新たな事実を加味したデータを再度分析し、新たな仮説を作ることが、問題の解決力をアップさせる

コラム

全ての成長は仮説から始まる

問題解決の際に、仮説を立て実行することは非常に重要です。仮説がなければ、何も始まりません。コンピュータがビジネスに欠かせなくなった近年の情報化社会では、事業の展開が非常にスピーディーになりました。インターネットのサイトを見ていただくとわかるように、とりあえずサイトをオープンし、アクセス数や支持が少なければ、改善していく。そうしながら徐々に完成形に近づけています。まさにこのビジネスモデルがトライアル・アンド・エラーであり、今の主流なのです。問題解決においても、スピードが重要です。半年間で問題が解決できる会社と問題解決に1年間かかる会社では、明らかに成長速度が違います。そのために迅速に問題解決に取り組み、とりあえずの仮説を立てることが大切なのです。「とりあえず」という言葉を使うと、誤解を受けそうですが、「適当に」という意味ではなく、今ある情報の中で、作成できる最高の解決策を決定するということです。その仮説を実行し、うまくいかなければ、「うまくいかなかった情報」を加え、仮説を作りなおします。これを繰り返すことで実質的な問題解決策が生まれるのです。

第3章

情報を集める

3-01

3Cの視点から情報を集めよう

目的によって集める情報は変わってくる

▼何のために情報を収集するのか？

まずは「何のために情報を収集するのか？」を考えましょう。「売上を上げるためなのか？」「全国展開をするためなのか？」「優秀な人材の確保のためなのか？」、目的によって集める情報は変わってきます。目的が決まったら、3Cから情報を集めましょう。**3Cとは、「顧客（customer）」「競争相手（competitor）」「自社（company）」です。**

これらの情報を得ることで問題解決に近づきます。顧客視点では、自社の顧客だけでなく、未取引の顧客、ターゲットとなる業種全体の顧客、すなわち市場の情報も含まれます。市場調査を行い、どのような商品が求められているのか、どんなときに欲しいのかなどのリアルな情報を集めます。自社の顧客からはアンケートやヒアリングなどで収集しましょう。それに競争相手の情報をプラスしていきます。さらに『会社四季報』やシンクタンクなどの情報も重要です。このとき、自社の状況を客観的なデータとしてとらえなければ、正確に問題点を洗い出し、解決策を練ることはできません。

3つのフィルターから情報を集める

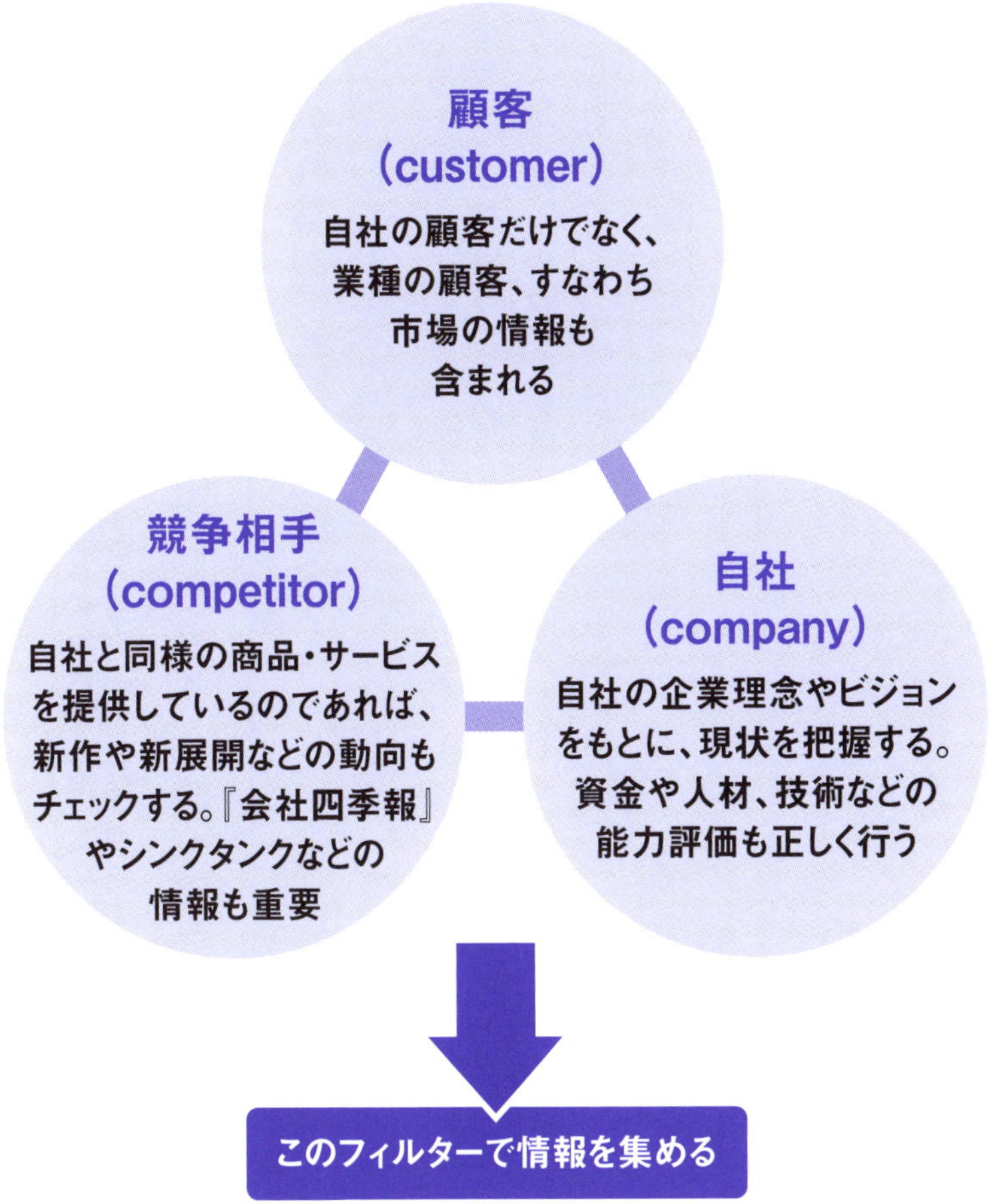
顧客
(customer)
自社の顧客だけでなく、業種の顧客、すなわち市場の情報も含まれる
競争相手
(competitor)
自社と同様の商品・サービスを提供しているのであれば、新作や新展開などの動向もチェックする。『会社四季報』やシンクタンクなどの情報も重要
自社
(company)
自社の企業理念やビジョンをもとに、現状を把握する。資金や人材、技術などの能力評価も正しく行う
このフィルターで情報を集める

3-02

6W2Hでより正確な情報を集めよう

派手な文章や表現に惑わされず、事実だけを吸い上げよう

▼修飾語にとらわれると、本質を見誤る

文章を書くときの基本、5W1H「いつ（When）」「どこで（Where）」「だれが（Who）」「なにを（What）」「なぜ（Why）」「どのように（How）」を習ったことがあると思いますが、情報収集では、これに「どちらを、どれを（Which）」「予算、数（How many、How mutch）」をプラスした、**6W2Hを用います**。情報過多の現代では、手軽に情報が手に入る一方、玉石混交なので、迂闊に信じては、間違えた分析をしてしまいます。その情報の事実部分だけを吸い上げましょう。例えば、新人のA君が「納品予定の商品を、取引先に届けた」と言うのですが、先方は届いていないと言っています。「新人だから勘違いしたのでは？」と思われたのですが、実際は取引先の現場監督が直接受け取り、そのまま現場に持って行ったのです。周りは「新人」という言葉に引っ張られ、A君は6W2Hの取引先の「Who」を忘れていたせいで情報が正しく伝わらなかったのです。帰社後すぐに6W2Hに沿って伝えていれば、このような騒動にはならなかったでしょう。

6W2H

- When いつ
- Where どこで
- Who だれが
- What なにを
- Why なぜ
- How どのように
- Which どちらを、どれを
- How many,How mutch 予算、数

この要素が事実

派手な文章や表現に惑わされず、
情報の事実部分だけを吸い上げよう

3-03

3×3思考で情報を聞き出す

インタビュアーによって情報の質や量は変わる

▼「現状」「あるべき姿」「問題点」の3つを聞き出す

会社のビジョンを社員で共有し、一丸となって成長したいのであれば、社員が現状の会社をどう思っているのかを知るべきです。**アンケートや面談などで「現状」「あるべき姿」「問題点」の3つを聞き出すのです**。不満を持っているなら、それも情報として吸い上げます。次に、理想の会社像を聞き出します。最後に、現場の目から見た今ある問題、またこれから生まれる可能性のある問題点を聞き出します。

面談では、その対象者は「感情で話しているのか」「客観的な事実を話しているのか」「その人の思考を踏まえて話しているのか」という3つを見極めます。例えば、「上司Aは何もしてくれない」と語気を荒げたら、問題があるのはわかりますが、感情的になっています。正確な情報を得るには、冷静になってもらうか、冷静な人に聞いてみましょう。また、「上司Aは〇〇をしないので、困っている」「△△したらよいと思う」と言う人は、思考的に話をしています。相手がどのような話し方をするのかで情報を分類しましょう。

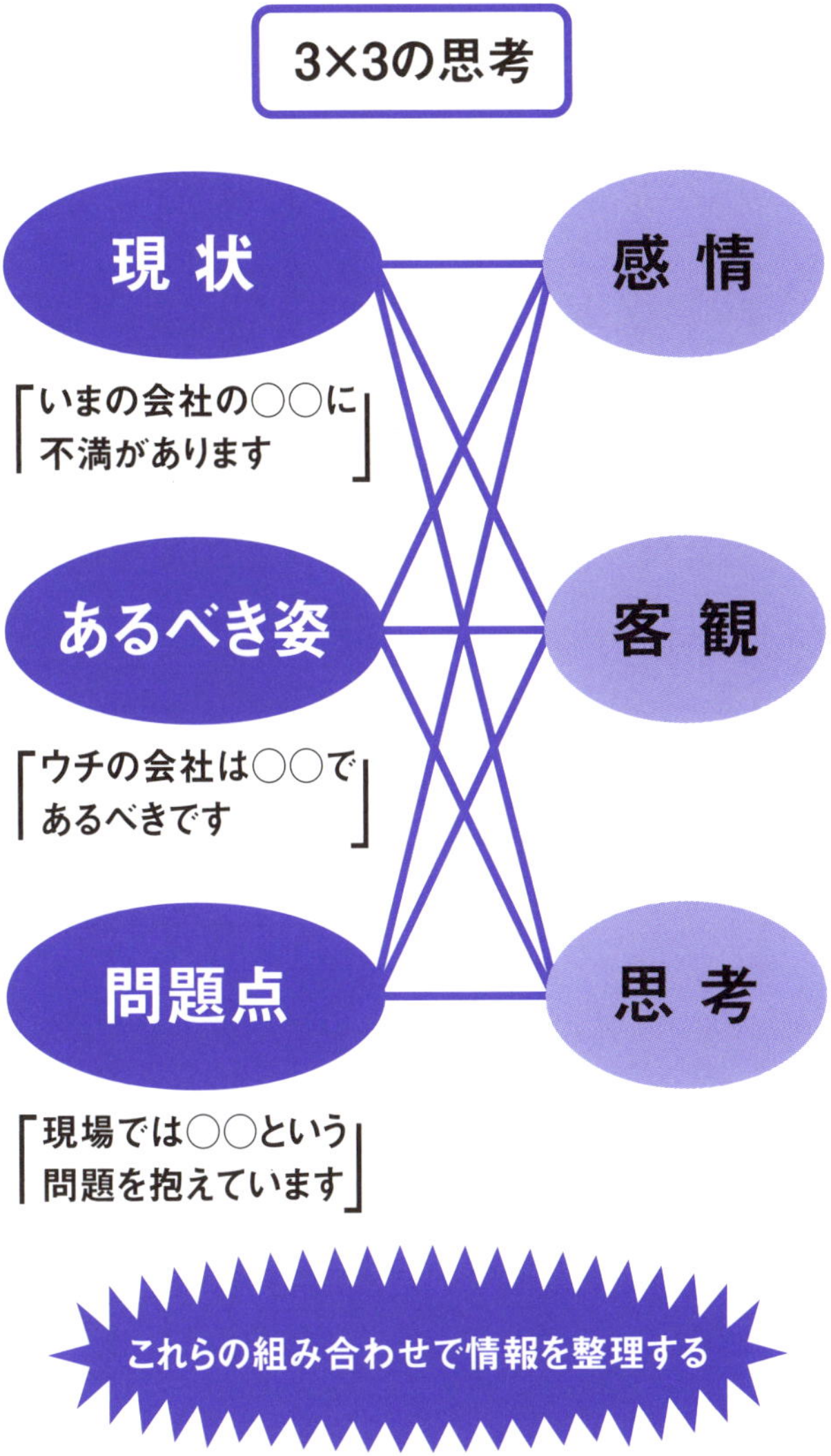
3×3の思考
現 状
「いまの会社の○○に
不満があります」
あるべき姿
「ウチの会社は○○で
あるべきです」
問題点
「現場では○○という
問題を抱えています」
感 情
客 観
思 考
これらの組み合わせで情報を整理する

3-04

3タイプの情報引き出しテクニックを駆使しよう

モチベーションの違いで引き出し方を変える

▼言葉だけではなく、声のトーンやスピード、抑揚などにも注意する

社内外で社員や従業員から情報収集するときに注意するべき点は、**会社の状況や社員のモチベーションの違いで引き出し方を変える**ということです。ＩＰＯ（株式公開）を目指しているようなパワーのある会社では、コンサルタントやコーチのようにパワーみなぎる接し方の方が情報を引き出しやすいかもしれません。業績が悪くモチベーションが上がらない会社に対しては、セラピストのように優しく相手の言葉を聞きましょう。情報を取ることだけに意識をとられて、芸能リポーターのように質問攻めになっては、相手は心を開いてくれません。情報は相手の心を開かないと出てこないのです。

言葉だけではなく、声のトーンやスピード、抑揚などにも注意しましょう。言葉は、芸能リポーター風にも言えますし、セラピスト風にも言えます。どちらの言い方が相手の心を開くのかを考え、同じ言葉でも話し方に注意しましょう。また、社員が何かを隠そうとしているときには、徹底的に追及しなければなりません。

3タイプの情報引き出しテクニック

コーチングコンサル型
パワーで
モチベーションを
上げる
→ **外向的なタイプ**

セラピスト型
やさしく
相手の心を
開く
→ **内向的なタイプ**

芸能リポーター型
追及して
いく
→ **隠し事をするタイプ**

質問している内容がいくら正しくても情報は相手の心を開かないと出てこない。どのタイプの情報の引き出し方が心を開くのか考えよう

3-05

インタビューシートを活用しよう

より多くの情報を短期間で集めるには

▼しっかり記入してもらいたい項目は2、3個程度がよい

直接会って、インタビューすると、情報だけではなく、その雰囲気や表情、声も情報として得ることができるのでよいのですが、**より多くの情報を短期間で集めたい場合は、「インタビューシート」を活用しましょう**。このシートはPCソフトのワードなどで作成し、メールで一斉に送ることができます。しかし、いくらセキュリティを強化したといっても、漏洩問題は後を絶ちません。社内機密事項など重要な質問は避けた方がよいでしょう。情報管理には細心の注意を払わなければなりません。

さて、インタビューシートですが、項目はなるべく少なめなのがよいです。多いと見た時点で記入する気が失せてしまう人がいるかもしれません。内容にもよりますが、6～10項目くらいがよいのではないでしょうか。また記入方式とチェック方式の両方を採用し、性別や年齢層、勤務地などはチェック方式、現状の問題点や改善提案などは記入方式にします。しっかり記入してもらいたい項目は2、3個程度がよいでしょう。

インタビューシートを用意する

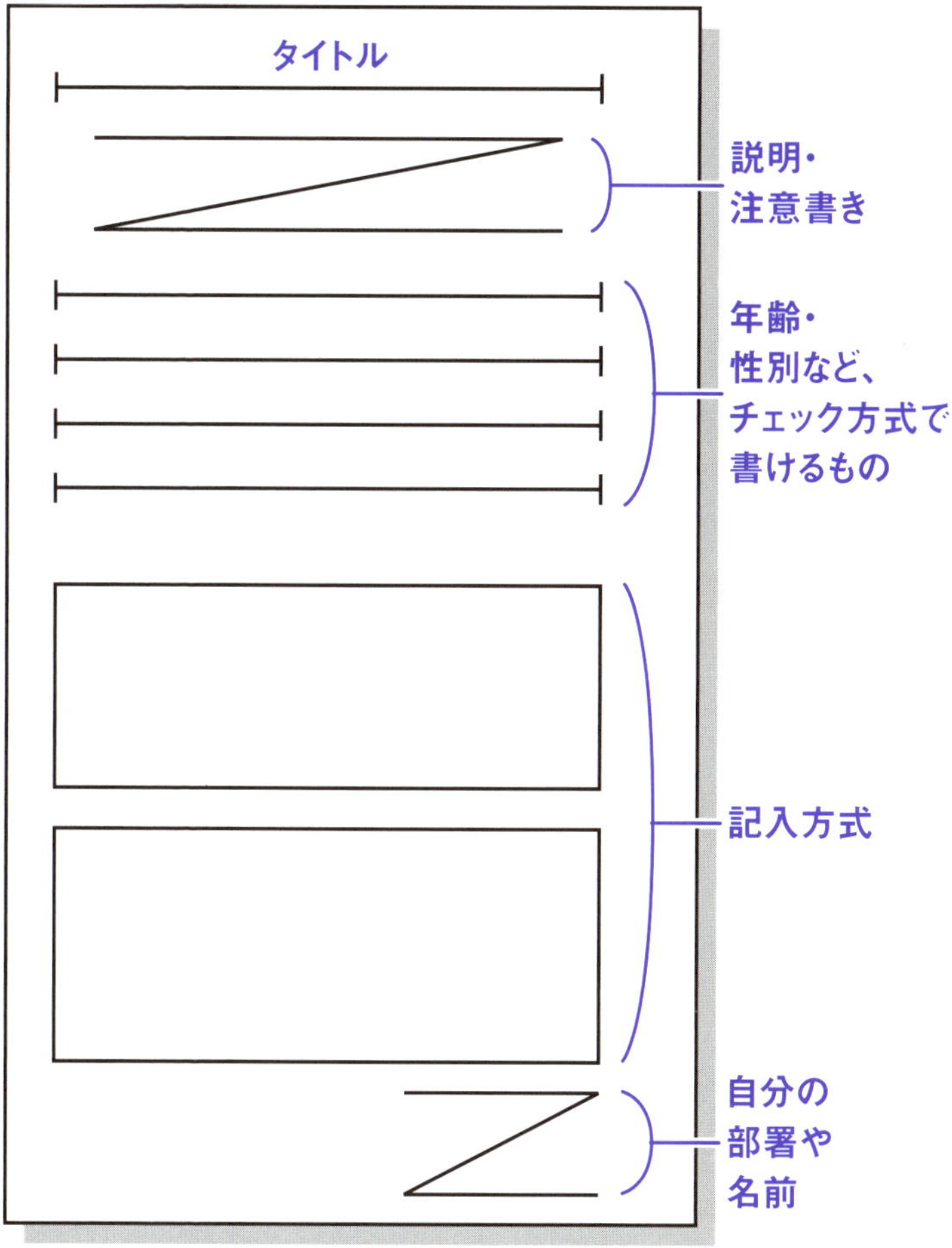

3-06

原因として可能性のあるものは全てあげよう

どんな意見も一つの情報

▼まず話を聞くこと、次に仲間意識、そして否定しないこと

情報収集において信頼関係は重要です。特に会社が不利になるものや上司の怠慢なものなど、**問題解決のために欠かせない情報こそ、信頼関係がなければ話してくれません**。信頼関係を築くには、まず相手の話を聞くことです。やってはいけないミスは、相手が話し始めた瞬間に、何を言おうとするのかわかると勝手に思い込み、自分でまとめていくことで「○○ということですよね」と続ければ、相手は同意しかできなくなります。仮に、考えていたことが同じでも、相手の言葉を聞くことによって、それ以外の情報も取れるかもしれません。次にインタビュアーとその対象者ではなく、ともに会社のことを考える仲間だという認識を持たせるために、「私たち」という言葉を用いましょう。「私たちのこの会社をよくするために、あればいいなと思うシステムって何ですか?」というと心を開きやすいのです。また、否定はしないことです。どんな意見も一つの情報です。それが良いのか悪いのかは、分析する段階で処理をすればよいのです。

相手の心を開く方法

① まず話を聞く

② 仲間意識を持たせる

✕ 2人の間に壁がある

○ あなたと私は同じですというニュアンスがある

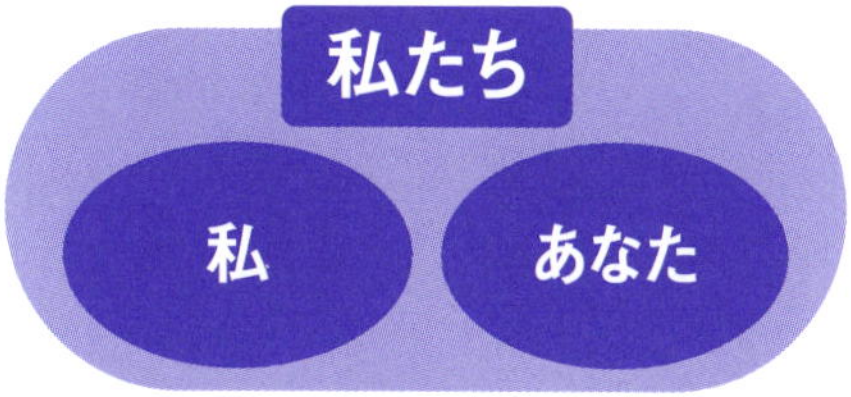

③ 否定しない

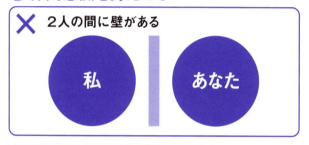

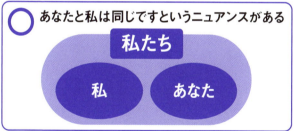

3-07

全ての情報にはバイアスがかかっている

客観的な視点や俯瞰して物事を見る習慣が必要

▼データを扱うときはバックグラウンドを確認する

どんな情報にも、発信者のバイアス（偏り）がかかっています。フィクションの小説や映画などは作家やディレクター、プロデューサーなどの意向が入っていますし、ノンフィクションやドキュメンタリーでも、その書き手や作り手の意向が反映されています。最近よく問題になるのが、政治家や著名人の釈明会見や講演などの発言です。全文を聞いたら問題がなくても、一部分だけ切り取られると、イメージが変わってくるのです。ですから、物事の真因を確かめるには、客観的な視点や俯瞰して物事を見る姿勢が必要になります。

まずは、その情報の出所やなぜこのようなデータがあるのかを考えて、そのデータの優位性を見極めることです。例えば「20代の男性に車が欲しいかどうかのアンケート」といったデータを見るときに、どこでどのようにして取られたデータなのかを確認します。首都圏に住む20代と、車がなければ生活が難しい地方の20代とでは全く違う結果が出るでしょう。このように**データを扱うときは、そのバックグラウンドを確認することが重要です**。

情報のバイアス

発信者の創造

フィクション

物語

事実ではない

発信者のフィルター

ノンフィクション

事実だが、発信者の主観が
少なからず入っている

（例）

「20代の男性に車が欲しいかどうかのアンケートをとりました」

↓

対象者が、

「地下鉄が張り巡らされた首都圏に住む20代」

「車がなければ生活ができない地方の20代」

全く違う結果になる

↓

データを扱うときは、そのバックグラウンドを確認すること

3-08

真意を見つけるために外すべき7つのカギ

本質を見分ける

▼7つを実行することで真意を見つけることが可能

物事を見誤る一番の原因は、固定観念にとらわれて本当の姿が見えないことです。固定観念を捨てるということは、今ある常識を疑うことでもあります。新しいカルチャーが生まれるときには、固定観念を捨て常識を疑うことで、本質的に良いと思われるアイテムが席巻しブームが起こります。そのブームについていけない人が、「今どきの若者は……」というフレーズを使うのです。さらに、心地のよい言葉にごまかされないことが大切です。「改革をしなければダメだ」「第三者委員会を立ち上げ、しっかりとした監視を……」などのようなフレーズに騙されてはいけません。最後に、自分の成功体験の余韻に浸っていてはダメです。**初心を忘れず、自分が知っている知識や情報を過信しないことです。**「1、固定観念を捨てる」「2、常識を疑う」「3、感情に流されない」「4、言葉と価値に縛られない」「5、成功体験を忘れて前進する」「6、マスコミ情報、仕掛けに踊らされない」「7、知識、情報を過信しない」の7つを実行することで真因を見つけることが可能となります。

真意を見つけるために外すべき7つのカギ

1　固定観念を捨てる

2　常識を疑う

3　感情に流されない

4　言葉と価値に縛られない

5　成功体験を忘れて前進する

6　マスコミ情報、仕掛けに踊らされない

7　知識、情報を過信しない

↓

真　意

固定観念に囚われていては、革新的な発想力は身につかない。また過去の栄光に浸っていても新たなアイデアは生まれない

3-09

How思考の落とし穴に気をつけよう

答えが見つからないまま堂々巡りを繰り返す

▼早急に答えを求めすぎるのは危険

例えば「一流企業に就職したいんですけど、どうしたらいいですか?」という質問に、「まずは、一流の大学に行きなさい」と答えたとします。果たして正しいのでしょうか?入社の可能性は上がるかもしれませんが、一流大学の学生が全員一流企業の入社試験に合格するかといえば、そうではありません。ほかには、「太ってきた」→「食べない」。ただ「食べない」のではなく食べて動く、というように運動と食事のバランスを考えた方がよいでしょう。「資金がたまらない」→「使わなければいい」。費用対効果を考え、お金を使い、儲けるという方法がよいかもしれません。このように、**早急に答えを求めすぎたために、間違えた対策を講じる羽目になることがあります**。単純に答えを求めすぎると、より複雑な問題の解決策は見つからないでしょう。順序を踏んでいないので、対策の効果がない場合でも、代案がなかなか出てこないのです。原因は、スタートから結果の間のどこかにあるはずなので、**順序よく原因を落とし込んでいけば、答えが見つかる**でしょう。

How思考の落とし穴

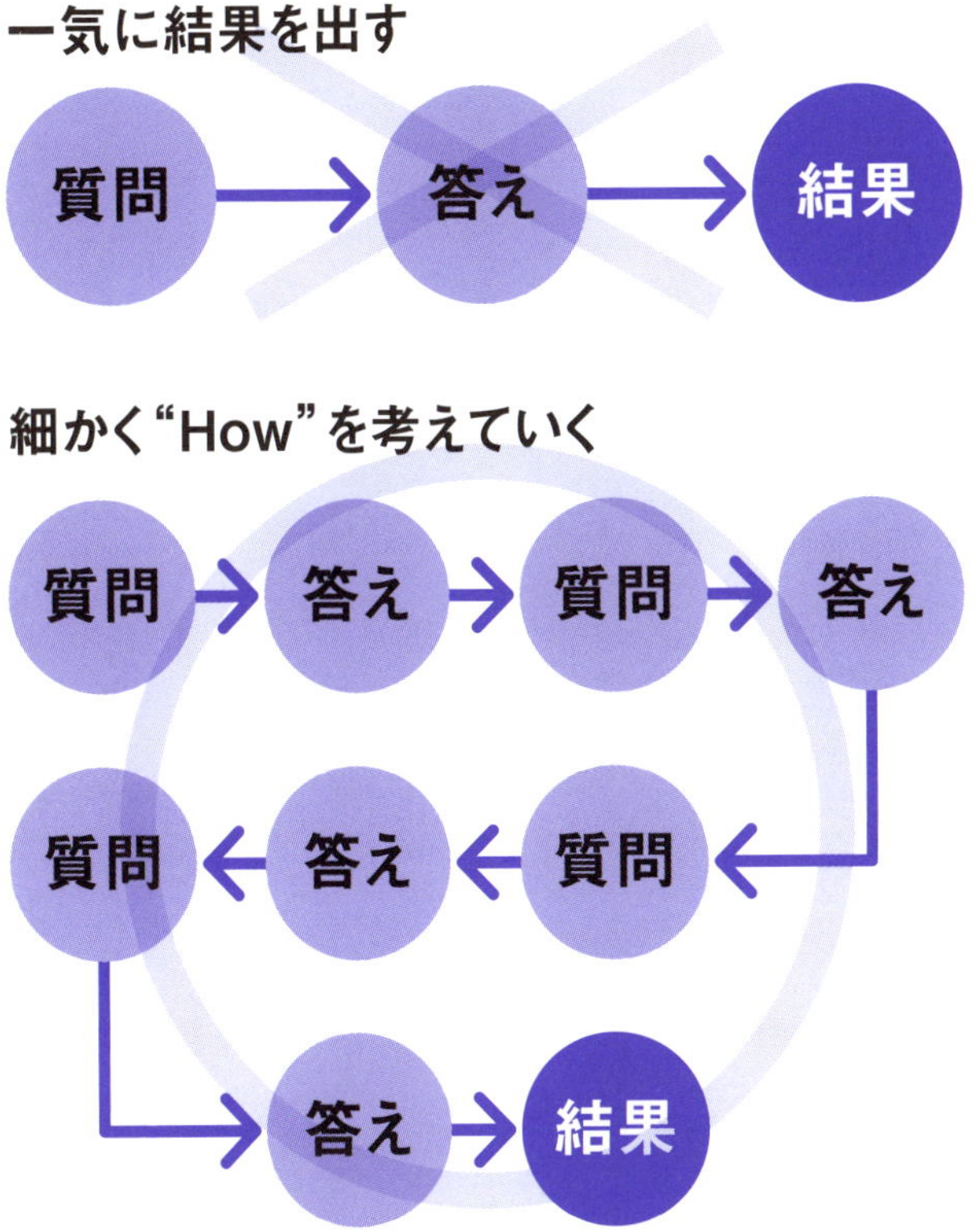

原因は、スタートから結果の間のどこかにあるはずなので、順序よく原因を落とし込んでいけば、答えが見つかる

3-10

「仮説は正しい」と思い込みすぎない

仮説が間違ったときは事実に戻ろう

▼思い込みが、単純な情報を歪めてしまう

失敗しやすいのが、「問題はここにある」という考えで情報収集する場合です。限られた時間内に仮説を立てる必要がある場合、幅広い情報収集ができないことがあります。そのため、ある程度、原因を想定し、情報を集中的に集めるのです。**「そこに問題がある」と思い込んでしまうと大変危険な間違いを起こしてしまいます**。

例えば、ある温泉町の過疎化が進み、観光客も減ってしまいました。そこで観光客を増やそうと思案し、出た問題点が「観光地だと分かりにくい」ということでした。そのため対策に大きな看板をいくつも立てました。すると綺麗な景観を壊したと、さらに人気が落ちたのです。このように原因の所在を勝手に解釈することでさらに大きな問題になってしまうことがあります。仮説が間違ったときは、まずは事実に戻ります。そこから再度、どこに問題があったのかを検証し、分析していきましょう。その温泉町は、景観にそぐわない看板を見直し、本来の強みである自然をPRすることで人気を取り戻しました。

「仮説は正しい」と思い込みすぎない

「問題はここにある」という先入観を持つ

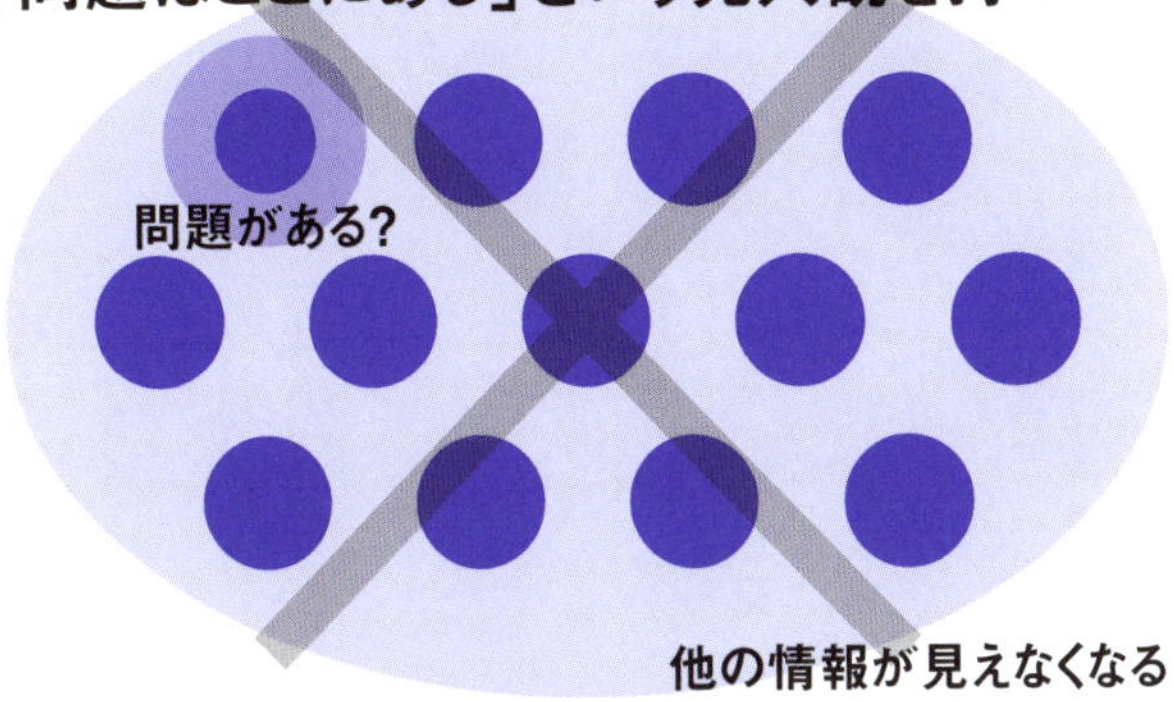

情報を公平な目で見る

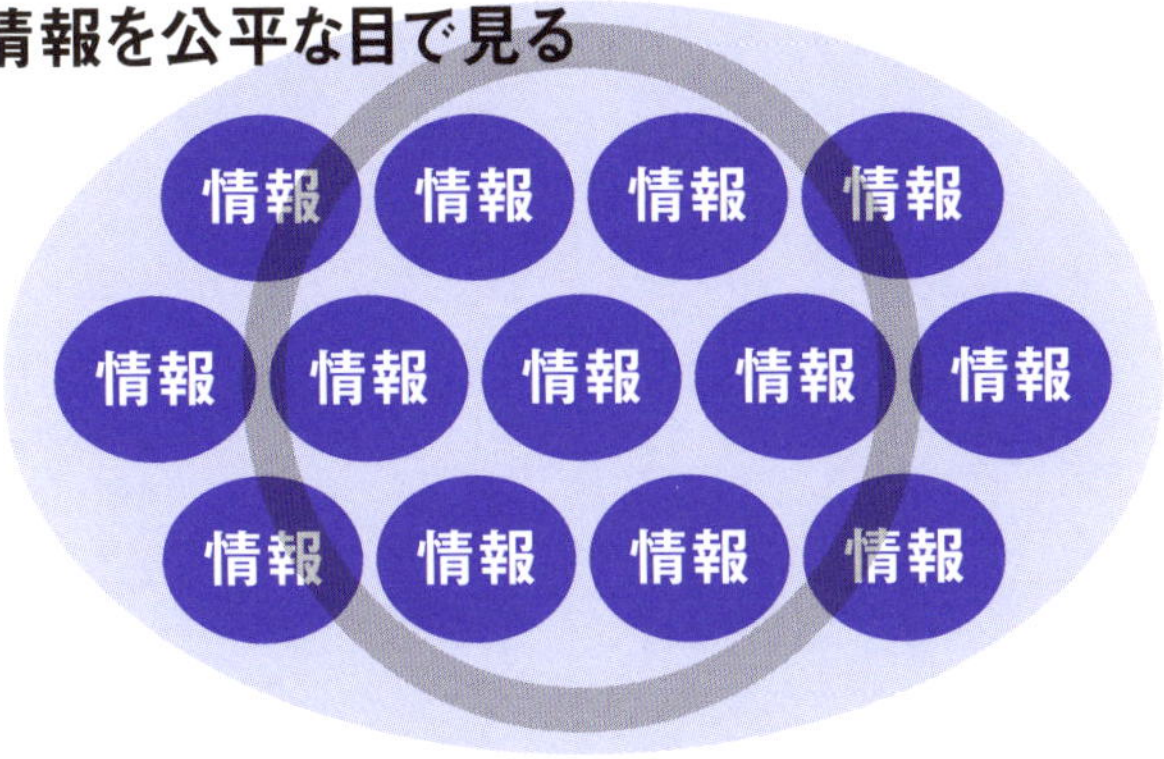

仮説が間違ったときは、まずは事実に戻る。そこから再度、どこに問題があったのかを検証し、分析していこう

3-11

巷にある情報から事実だけを集めよう

気づかないうちに事実ではない情報を集めている

▼事実に紛れて誇張された情報を入手しがち

事実から情報を集めるのは当然のことだと思われがちですが、気づかないうちに、事実ではない情報を集めていることが多いのです。正確に言えば、事実に紛れて誇張された情報を入手しています。日常生活でいうと、テレビのワイドショーなどは、まさに虚実ないまぜの情報です。一つの事件が起こったとき、新聞が伝えるのは、「いつ（When）、どこで（Where）、だれが（Who）、なにを（What）、なぜ（Why）、どのように（How）」という6つで構成された事象ですが、ワイドショーでは憶測や想像が織り交ぜられています。話題の事件は何日にもわたり放送され、気づくと真因ではない情報ばかりが流れているケースもあります。ワイドショーはエンターテインメントの一種ですから、**受け手が情報を見極める必要があります**。仕事上でも同じことが言えます。多くの情報の中には、それぞれの主観や感情が入り、真因が霧海の奥で見えなくなっていることもあるでしょう。事実だけを抜き取る訓練をするには、ワイドショーは最適なコンテンツかもしれません。

事実だけ集める訓練が必要

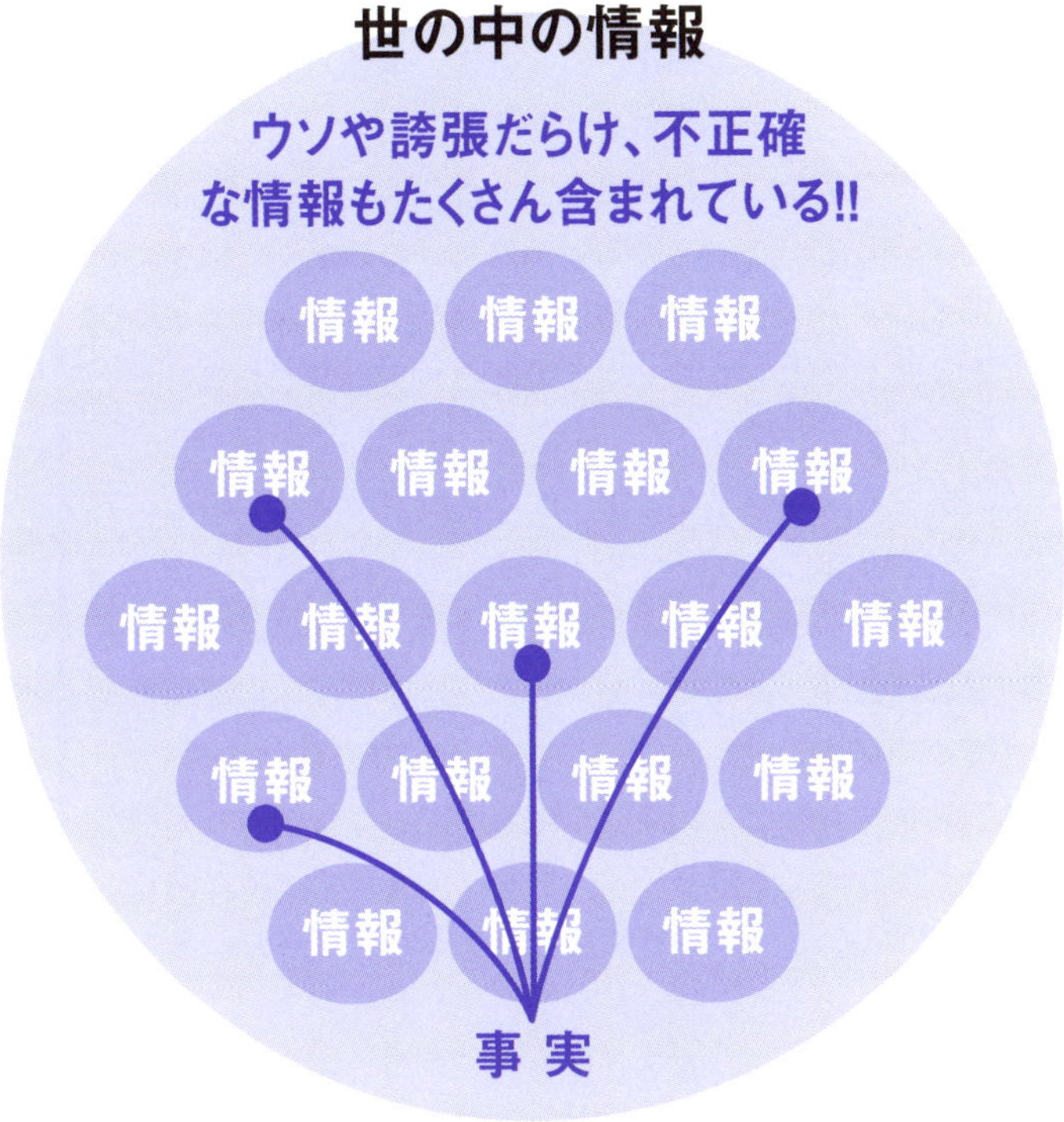
世の中の情報
ウソや誇張だらけ、不正確
な情報もたくさん含まれている!!
情報
情報
情報
情報
情報
情報
情報
情報
情報
情報
情報
情報
情報
情報
情報
情報
情報
情報
情報
事実

多くの情報には、それぞれの主観や感情が入り、
真因が霧海の奥で見えなくなっていることもある。
あくまで、事実だけを抜き出して情報に加える

情報に惑わされない目をやしなう

コラム

データは嘘をつく

情報を発信する側が、都合の良い情報しか流さないというケースは少なくありません。

また日常的にインターネット上では、偏向した情報が蔓延しています。偏向な情報だけではなく、いまだにインターネットの情報は玉石混交で、鵜呑みにすると大変です。もちろん、その他のメディアでもコントロールされた情報はたくさんあります。

テレビ情報番組などで、よく賛成、反対などの円グラフを見ることがあります。ここで注意しなければならないことがあります。人数、性別、年齢などが明確でなければ、このパーセンテージだけでは、正確な情報はつかめないということです。さらに質問の内容やアンケートをとった場所も重要です。都心部でとる情報と地方でとる情報では、変わってきます。また同じ東京都といっても、秋葉原に集まる若者と渋谷に集まる若者では、その趣向も違うでしょう。

一概にデータの数字だけを信じるのではなく、データの作られ方や意図などを把握した上で判断しましょう。

第4章

分析する

4-01

4Wで感度のよい切り口を探そう

When・Where・Who・What

▼4Wで問題を絞り込む

問題の分析は、4つのW、「いつ（When）」「どこで（Where）」「だれが（Who）」「なにが（What）」で考えましょう。「なぜ（Why）」「どのように（How）」という考え方は、原因の分析になってしまうので、4Wで問題を絞り込んだ後に使います。「When」では、季節、月、曜日、時間帯という視点で分析します。「Where」では、都道府県、市街地か郊外か、人口規模や駅前か商店街か、その場所は周りと比較して人通りが多いのか、少ないのか、など。「Who」は、顧客の年齢層や性別、職業など、顧客情報です。最後に「What」は、「どのような商品が売れなくなったのか？」を確認します。例えば、売上が下がり続けている居酒屋の場合、「3ヶ月前から、平日の火曜日から木曜日の7時〜9時のドリンクの売上が下がっている。場所は駅前で人通りは多い。水曜日に関しては女性がほとんどいない」という分析が出たとします。情報を集めると、近くの居酒屋で毎週水曜日にレディースデイを行っていました。これを踏まえた対策を考えることができるのです。

4つの切り口を探す

Where
どこ?
都道府県 市街地
郊外 人口規模 駅前
商店街 など

Who
だれ?
顧客 年齢層 性別
職業 など

When
いつ?
季節 月 曜日
時間帯 など

What
なにが?
商品が売れなく
なった

問題の分析は、4つのW、「いつ起きた問題か?(When)」「どこで起きたのか?(Where)」「だれが起こしたのか?(Who)」「なんについての問題か?(What)」で考えよう

4-02

分析の優先順位を決めよう

割り当てられる時間は決まっている

▼関係の薄いところは外して分析を行う

限られた時間の中で問題解決をしなければならないとなると、情報収集、分析、解決策の選択、実行など、それぞれに割り当てられる時間も決まってきます。情報収集や分析に多くの時間は割けません。だからこそ、まずは関係ないと思われることは排除します。幅広い情報から仮説案を考えることはよいことですが、**あくまで時間という枠の中で分析を行うのですから、関係の薄いところは外して分析を行うことが大切**です。もしそれで問題が解決に至らなければ、再度分析するときに考慮します。例えば、営業部Cの成績が悪いといったときに、営業部Aや営業部Bを含めた営業部全体で問題探しをするより、まずは局部である営業部C内にある問題を洗い出し、それをもとに分析、仮説を立てます。そこで解決すれば、わざわざ他の部署の情報を集め、分析する手間と時間が省けます。しかし、問題が解決しないときは、少しずつ情報を集める範囲を広げます。特に小規模事業の問題解決については、このように無駄な時間を省き、迅速な問題解決に努めましょう。

時間がないときの分析

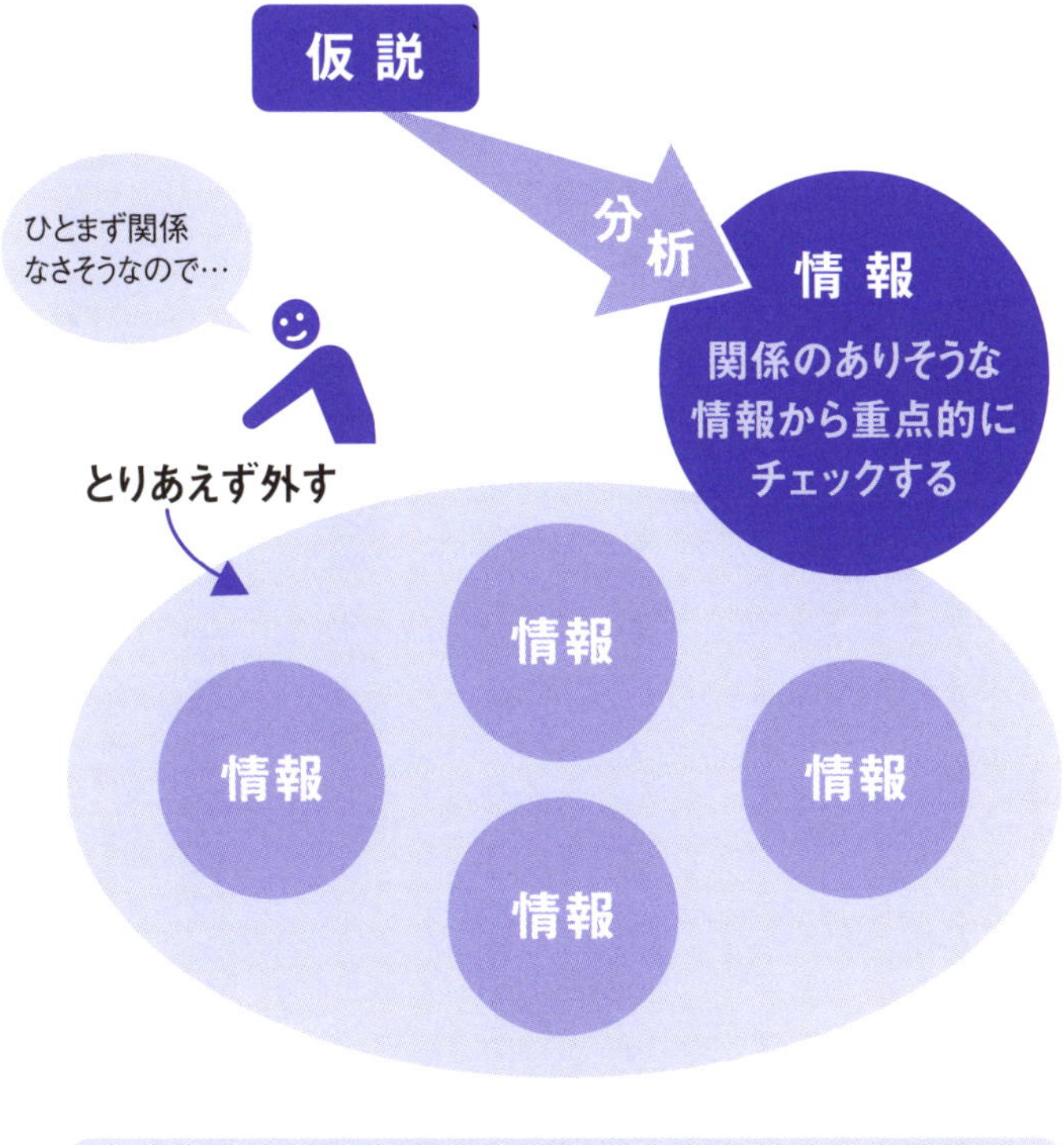

「時間」という枠の中で分析を行う場合、関係の薄いところは外して分析を行うことが大切。それで問題が解決に至らなければ、再度分析するときに考慮する

4-03

ABC分析で無駄な時間をカット

分析する上でのプライオリティをつける

▼まずはどこを一番に解決すべきかを明確にする

「ＡＢＣ分析」とは、売上データを集めて売上比率の多い方から順に並べていったとき、一番多いものをＡ、真ん中をＢ、一番売れないものをＣと分類し分析する方法です。２割の商品が８割の売上を稼ぐという「パレートの法則」でおなじみの分析方法、パレート分析も「ＡＢＣ分析」と同様です。ですからＡＢＣ分析は、分析をする上でのプライオリティをつけるのに役に立ちます。なぜなら、Ａによって起きる問題と、Ｂ、Ｃによって起きる問題を、同じ時間や同じ労力を使って解決するのは無駄が多いからです。**多くの問題が混在する中で、「一番重要なものは何か？」を見つけ出します**。パレートの法則に準じるなら、Ａによって起きる問題を解決すれば、問題の８割が解決するので、どこを一番先に解決すれば効率的かが見えてきます。「在庫をあまり抱えたくないので、何かを削りたいが、どれを削っていいのかわからない」といったとき、店長や職人の勘に頼らず、「ＡＢＣ分析」を使えば、すぐにわかります。

ABC分析で効率化

ABC分析 ＝ 売上データを集め、売上比率の多い方から順に並べていったとき、一番多いものをA、真ん中をB、一番売れないものをCと分類し、分析する方法

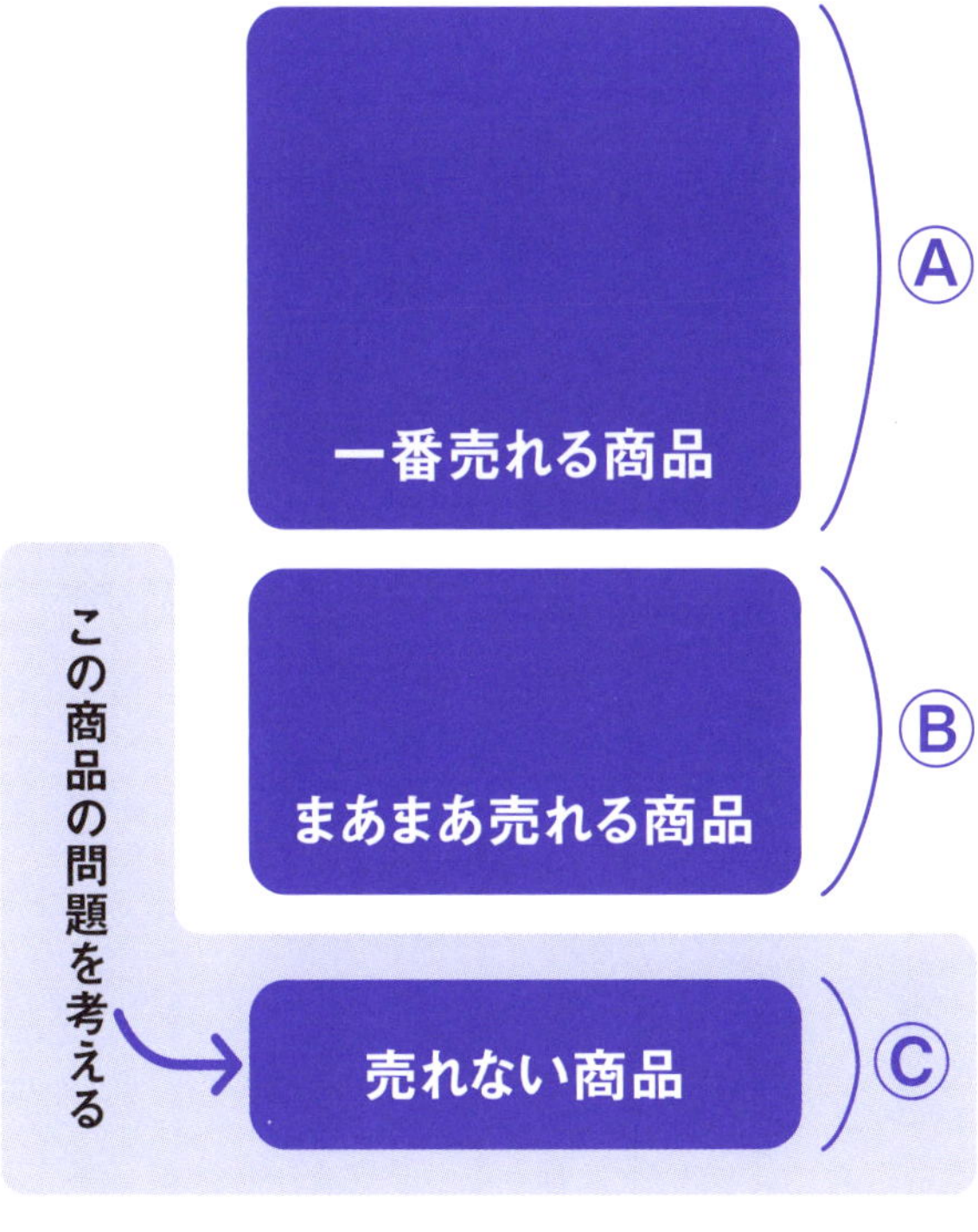

4-04

3つの分析方法

回帰分析・判別分析・主成分分析

▼分析方法を理解しよう

アンケート調査は、今やインターネットを利用し、簡単に無料で行えますが、分析方法がわからなければ意味がありません。こんなときに**「回帰分析」「判別分析」「主成分分析」**が役立ちます。「回帰分析」は、様々な情報から、目的とする数字を予想するときに使用します。例えば、ダイレクトメール（ＤＭ）で集客をしたとき、ＤＭを１０００通、３０００通……と数を変えることによって集客数が変わりました。このデータをとっていけば、目的集客数を達成するには、だいたい何通のＤＭが必要かがわかります。「判別分析」は、「買うか買わないか」「入会するかしないか」といった判別を予測するときに使用します。特に金融業者が「顧客がカード入会できるかどうか？」「住宅ローンが組めるかどうか？」の判断をするときに、この分析を行います。「主成分分析」は、様々な成分の入った調味料の成分を割り出し、どういった味かを類推するときに使用します。また自社製品が競合他社と比べて、どの場所にあるのかのポジショニングを明確化する場合にも使用できます。

3つの分析方法

回帰分析

様々な情報から、目的とする数字を予想するときに使用

※目標は3000通で達成できる

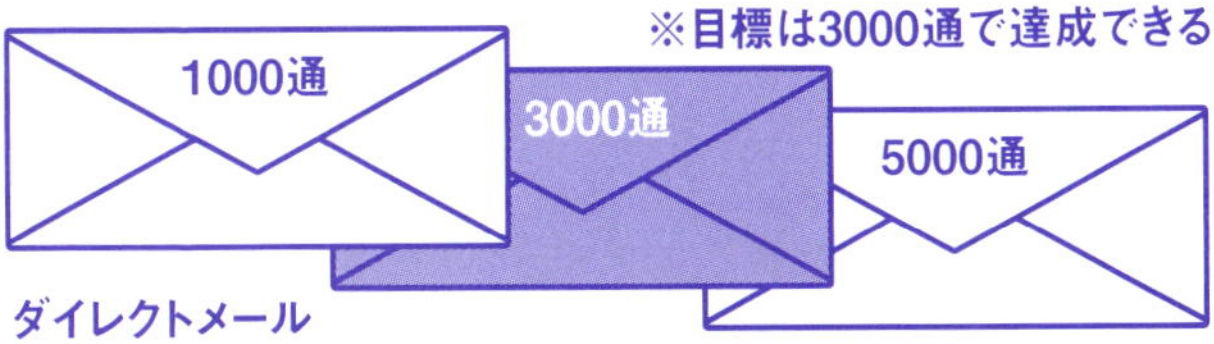

判別分析

「買うか買わないか」「入会するかしないか」といった判別を予測するときに使用 ※できるか、できないかの二択

できるか? 入るか?	できないか? 入らないか?

主成分分析

様々な成分の入った調味料の成分を割り出し、
どういった味かを類推するときに使用

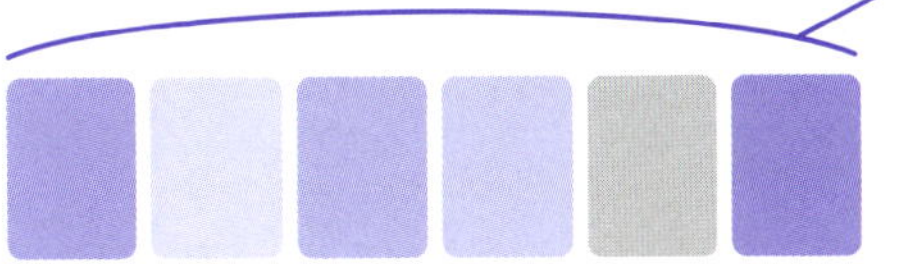

※様々な成分がまとまって一つの味を作っている

4-05

論理の飛躍に気をつけよう

意見の真偽の判断が難しくなる

▼少しずつ落とし込んでいけば、どこで対処したらよいのかがわかる

原因を明確にするときに気をつけなければならないのは、いきなり飛躍した意見になることです。順序よく徐々に掘り下げていたのに、急に飛躍してしまうと、その真偽の判断は難しくなるのです。例えば、「なぜ売上が上がらないのか？」→「商品力が弱い」→「だから売れない」では、商品力がなぜ弱いのか？ということがわからず、対策がとれません。「なぜ売上が上がらないのか？」→「どのエリアが特に売れていないのか」→「首都圏では売れているが、地方では全く売れていない」→「なぜ地方で売れないのか？」→「広告PRを首都圏にしかしていないので、地方での知名度がない」→「だから売れない」という流れであれば、PRしたところでは売れていることがわかり、「地方へのPRを強めれば売れる可能性がある」ことに気づきます。このように**少しずつ落とし込んでいけば、どこで対処したらよいのかがわかります**。特に発生型の問題は、迅速な対応を迫られるので、焦って論の飛躍をしがちになります。慎重に確認しながらトライしましょう。

論理を飛ばさない

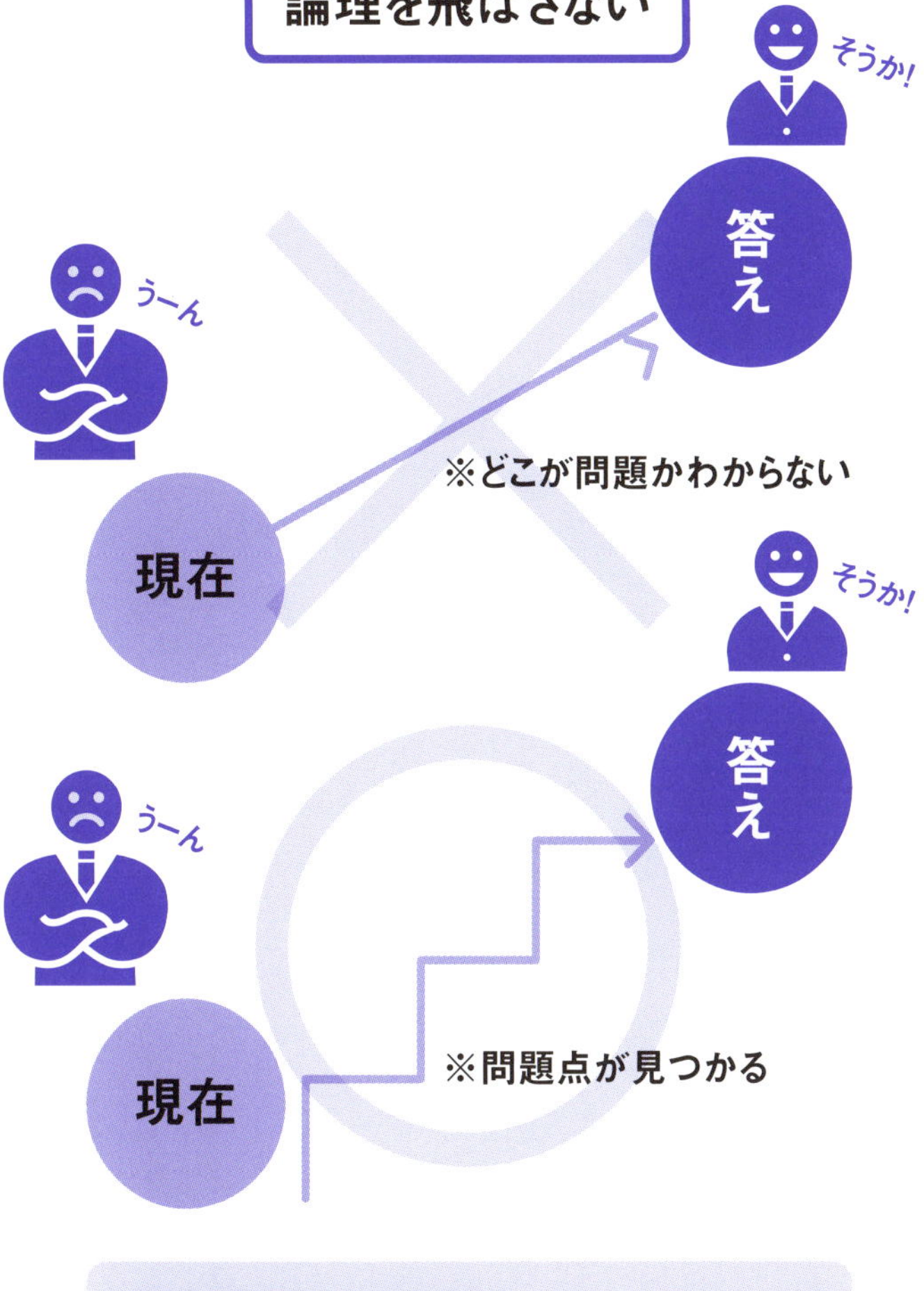

**原因を明確にするときは、
いきなり飛躍した意見にならないよう注意する**

4-06

大きすぎる問題の対処法

問題は解決できる大きさまで小さく刻む

▼問題解決のために役割分担し、尽力する

問題を解決しようとするときは、適度な大きさまで小さく刻みます。例えば、「地球を守りたい」といっても、どのように守るのか、できることは何なのかがわかりません。「世界のCO2を削減しながら……」という壮大な計画よりも、「ゴミを減らすために、エコバッグを持って買い物に行く」という身近な問題解決策の方が、具体的な行動がとれるのです。問題解決には、理想論がつきものですが、より具体的に実行できるところまで細かくしていかなければ、絵空事になってしまいます。あなたが知事や総理大臣になれば、もっと大きな問題解決ができるでしょう。会社内でも同じ問題を社長の目線で見るのと、部長の目線、新入社員の目線で見るのでは大きさ、また形も変わってきます。

現場レベルの小さな改善から行わなければ、最終的に大きな問題を解決することはできません。結局、判断するのは経営陣でも、実行するのは社員だからです。だからこそ、**経営者、社員一丸となって問題解決のために役割分担し、尽力する**のです。

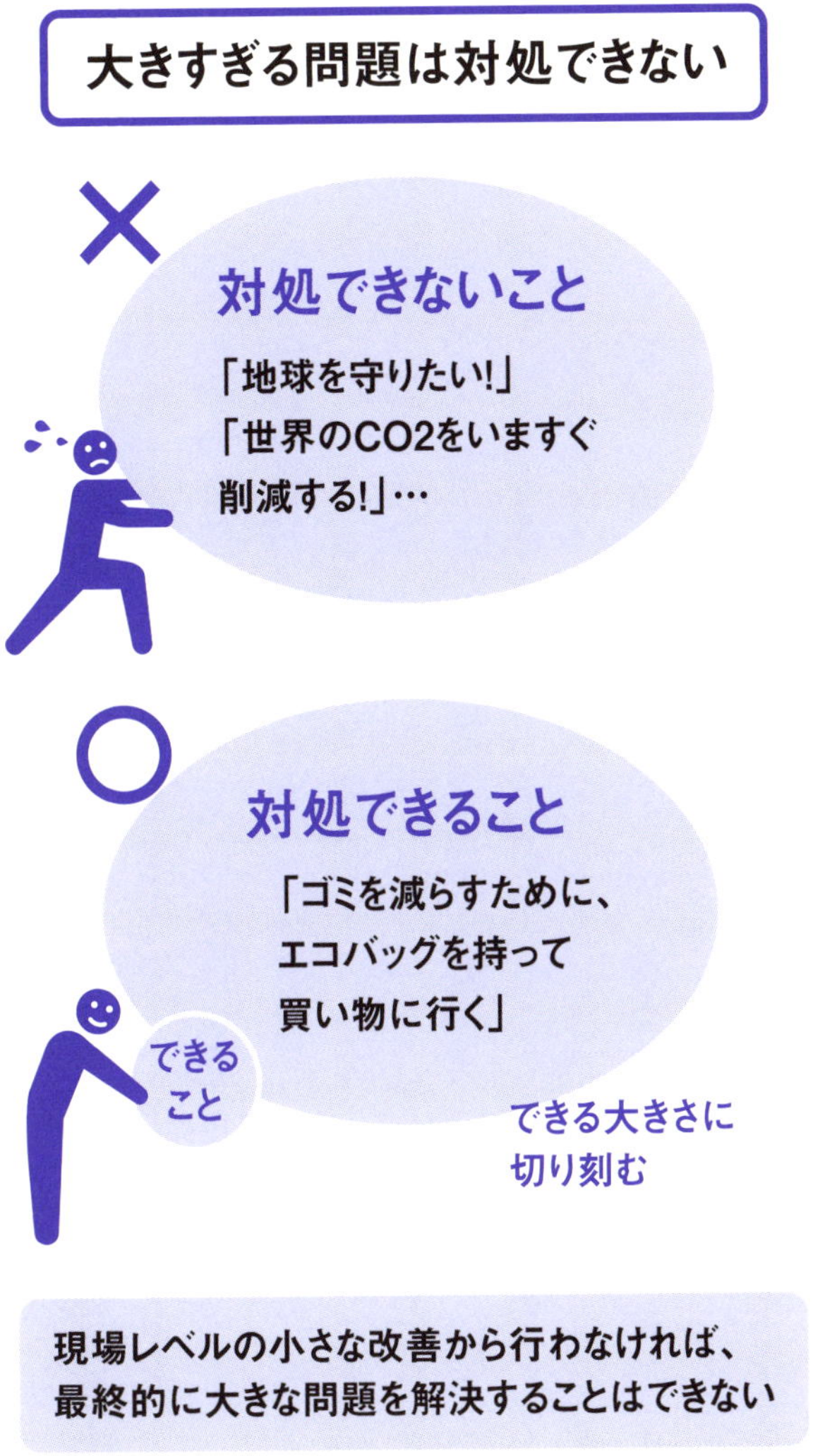
大きすぎる問題は対処できない
×
対処できないこと
「地球を守りたい!」
「世界のCO2をいますぐ
削減する!」…
○
対処できること
「ゴミを減らすために、
エコバッグを持って
買い物に行く」
できる
こと
できる大きさに
切り刻む
現場レベルの小さな改善から行わなければ、
最終的に大きな問題を解決することはできない

4-07

内部環境を分析する3つの視点

プロセス・経営資源・組織風土

▼大きなズレは少しずつ会話を増やしながら理解し合う

課題を洗い出すときに重要な視点が、「プロセス」「経営資源」「組織風土」の3つです。

この場合の「プロセス」とは、商品開発や商品調達ルート、流通、販売などの顧客に届くまでの各機能を競合他社と比較することです。他社より劣っている部分の問題を解決し、自社独自の改良が見込める部分は、より改善できると認識できます。「経営資源」とは、主に人やお金について分析します。素晴らしい改善対策が見つかっても、資金が足りなかったり、調達できなければ実行できません。同じく、人材も確保できなければ、他の対策を講じなければならないので、早めに確認をしましょう。「組織風土」では、各組織に属している人の将来像、運営内容、職場環境、担当職務、業務量などの満足度をチェックします。このチェックにより、経営陣と部下が描いている会社の理想像やあるべき状態のすり合わせが可能になります。会社は一枚岩になってこそ、逆境に負けない強さが生まれるのです。

内部環境を分析する

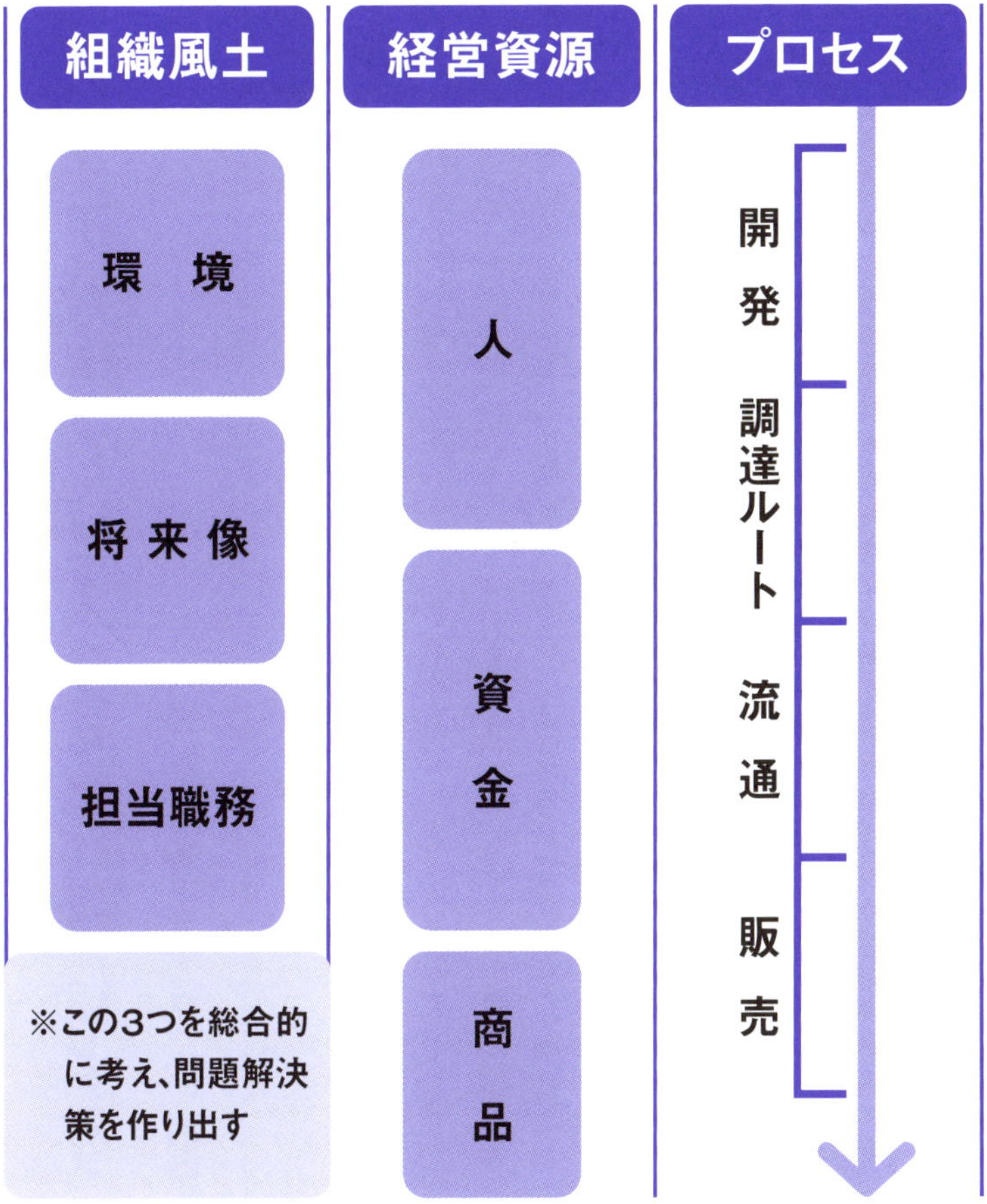
組織風土
環 境
将来像
担当職務
※この3つを総合的に考え、問題解決策を作り出す
経営資源
人
資金
商品
プロセス
開発
調達ルート
流通
販売

4-08

シナリオ分析でリスクを回避しよう

大きな打撃を受けない対策を

▼自分自身でシナリオを作り、対策を考える

日本国内だけでも災害は尽きず、その度に国内全体の景気は大きく影響を受けます。もちろん災害だけではなく様々な出来事によって景気が乱高下することがありますが、それを予測し、最悪なシナリオのときにでも大きな打撃を受けないような対策を講じるときにシナリオ分析は有効です。例えば、「現在よりもさらに結婚をしない男女が増える」→「ファミリータイプのマンションが売れず、ワンルームマンションが足りない」→「ワンルームマンションを増やす」→「ワンルームマンションが高騰する」というシナリオならば、今のうちに、ファミリータイプのマンションを売り払って、代わりにワンルームを買っておこうということになるでしょう。このように自分自身でシナリオを作り、対策を考えるのです。実際に問題解決対策に活用するのであれば、**社会の流れや変化に敏感になり、社内外の人の機微にも触れ、よりリアルなシナリオを作らなければ意味がない**のです。ですから日頃から様々な情報を入手して分析する練習をしておきましょう。

シナリオ分析

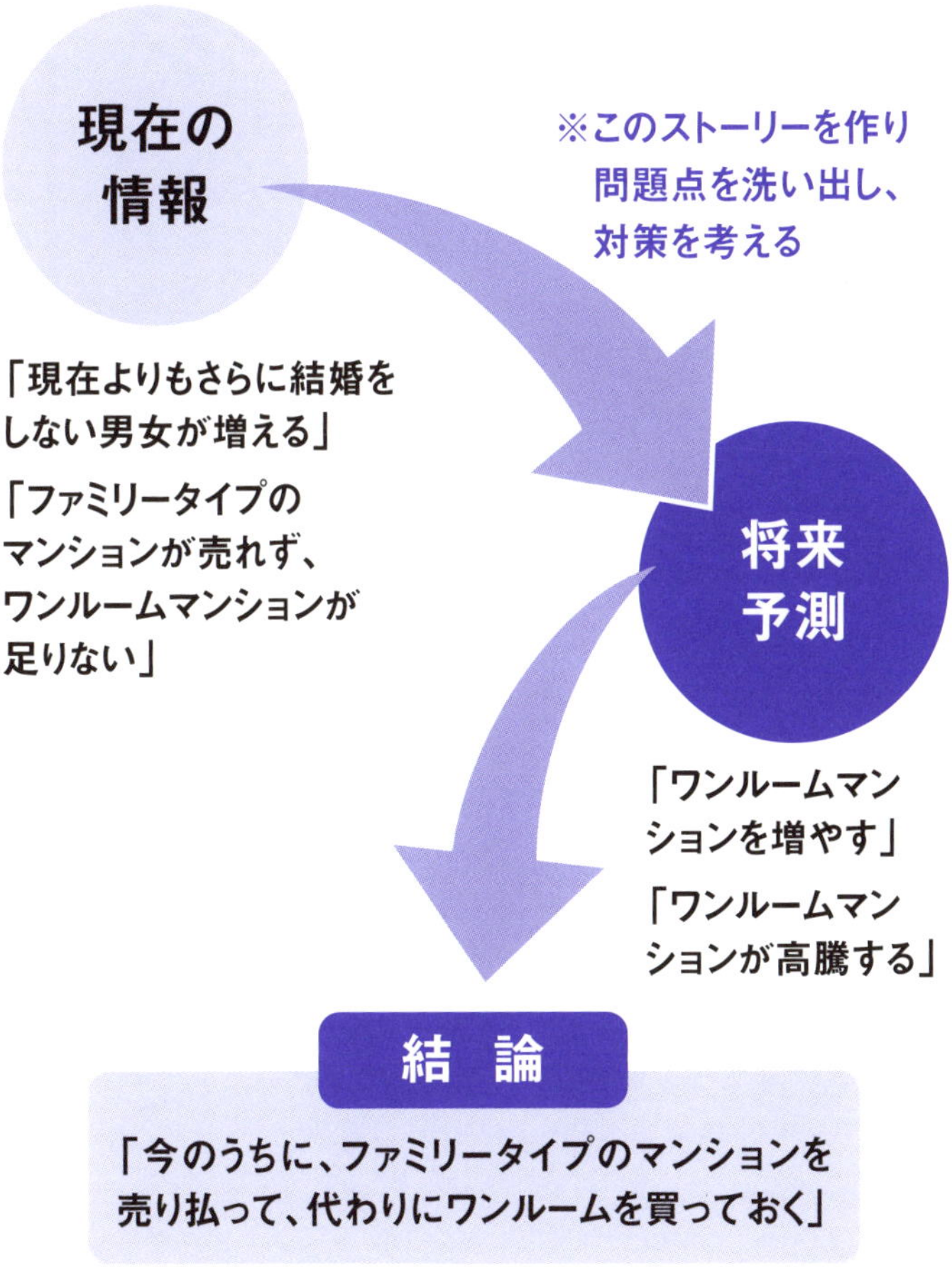
現在の情報
※このストーリーを作り
問題点を洗い出し、
対策を考える
「現在よりもさらに結婚をしない男女が増える」
「ファミリータイプのマンションが売れず、ワンルームマンションが足りない」
将来予測
「ワンルームマンションを増やす」
「ワンルームマンションが高騰する」
結　論
「今のうちに、ファミリータイプのマンションを売り払って、代わりにワンルームを買っておく」

コラム

メジャーリーグで主流の情報分析方法、セイバーメトリクス

プロ野球の世界では、セイバーメトリクスというデータ分析方法があります。セイバーメトリクスとは、ビル・ジェームスが提唱した、野球を客観的データから分析する方法です。

一般のプロ野球ファンなら、打率、防御率などは誰でも知っているでしょう。しかしセイバーメトリクスでは、出塁率、長打率、さらにはボールゾーンスイング率など多種多様なデータを使用し、それぞれの選手の弱点や特徴を分析します。

さらにこれまでは野手（打撃）と投手（守備）の価値を同一のものさしで計ることができませんでしたが、WAR(Wins Above Replacement) という方法を使用すれば、同じ土俵で選手を比べ、真の MVP を選ぶことができるのです。これらのデータをもとに、どこのポジションを補強しなければならないのか、補強する場合、どの選手が必要なのかがわかるのです。

完全に野球を数値化し、問題点をあぶり出す方法なので、分析する人の中には、「動画を見ることによって、いろいろな感情が分析の妨げにならないように」と試合の動画を一切見ないという人もいるようです。

第5章

問題を突き止める

5-01

10年後のビジョンを明確にしよう

10年後に生き残る企業になる

問題を一つ一つ解決していくのが企業存続・発展の唯一の手段

企業を成長させるための目標としては3年後、5年後のビジョンだけでなく、10年後のビジョンが必要です。そう言われても「10年先など想像がつかない」という人がいますが、具体的に「どうあるべきか」というよりは、「どうありたいか」という視点で考えてみましょう。もちろん、全くの夢物語では困りますが、大きなビジョンを描くことが大切です。10年後のビジョンを明確にして、全力でその目標に向かって邁進しなければ、グローバル社会は生き残れません。

これから先の10年間に消える企業は、上場企業も例外ではないのです。**しっかりとしたビジョンを作り、そこから落とし込んだ単年計画、その計画を遂行するために生まれる問題を一つ一つ解決していくことが企業存続、また発展のための唯一の手段**なのだと思います。10年先のあるべき姿と現在とのギャップ、それを埋めるのが、社会に貢献する企業の業務なのでしょう。

10年後のビジョンを作る意義

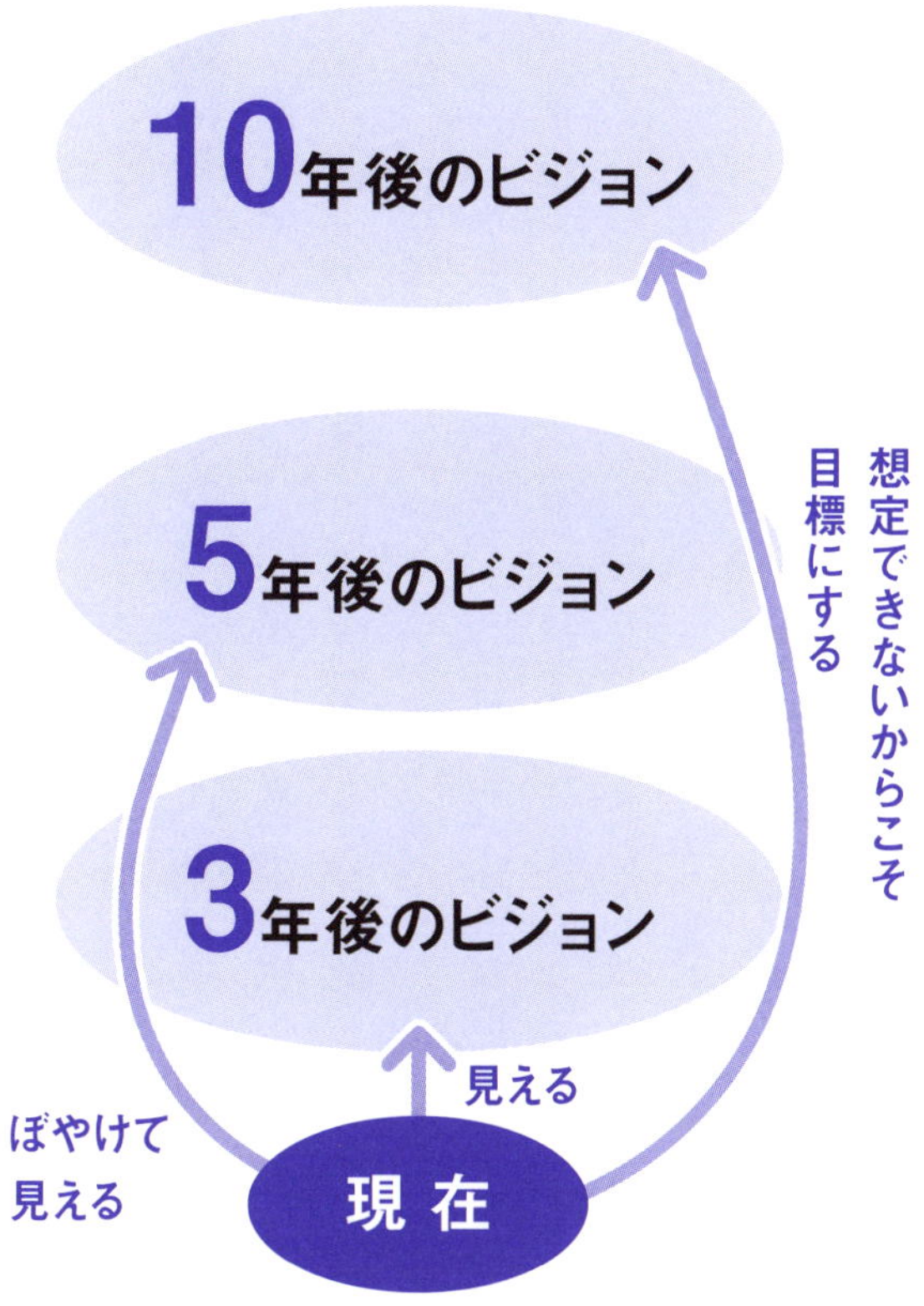

企業を成長させるための目標としては
3年後、5年後、10年後のビジョンが必要

5-02

問題解決の目標を決めよう

結果を具体的に数値化する

小さな達成感を感じさせながら、少しずつ目標を引き上げていく

問題解決をする上で重要なのは目標設定です。目標を設定する上で注意する点は、まず数値化できない行動や手段を目標に揚げるのではなく具体的に数値化した目標を揚げることです。例えば、目標は、「各部門、新規顧客数を増やす」ではなく「成約数を10％増やす」というように、アクションではなく、結果としての具体的な数字を出します。目標の数字設定は非常に難しく、現在の成績からあまりにかけ離れた数値にすると、現実的な目標に感じず、やる気が出ないケースが多いでしょう。また、あまりに近すぎる目標も同じく、クリアしても達成感に欠け、モチベーションはなかなか上がりません。本来は、多少背伸びしながら一生懸命努力し、達成することができるくらいの数値を設定できれば、問題解決の目標設定としては100点満点なのですが、はじめはそうもいきません。**多少手に届きやすい目標から始め、小さな達成感を味あわさせながら、少しずつ目標を引き上げていく**方法がよいでしょう。まずは変化に動じない組織を作っていくことが大切です。

目標設定

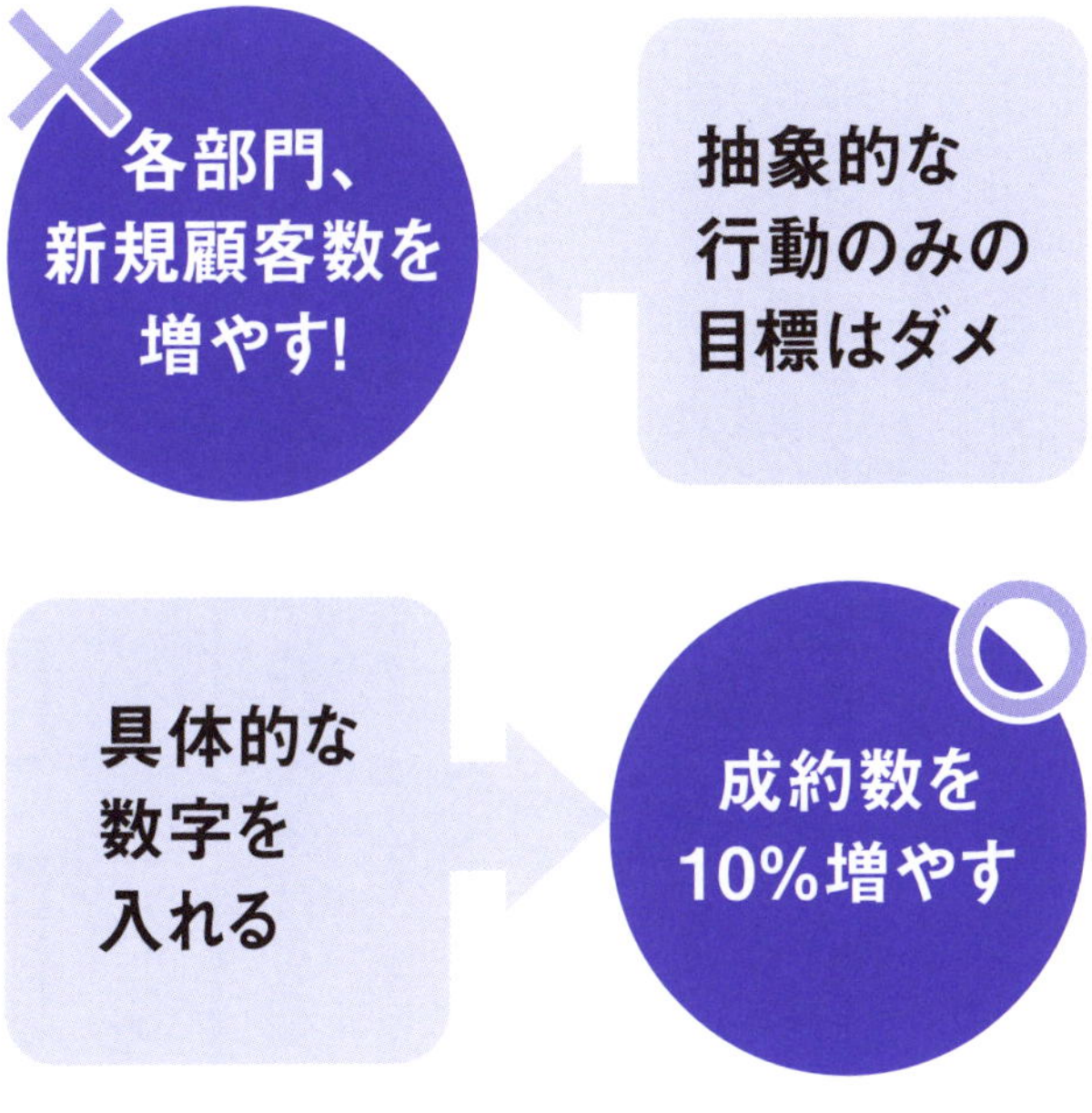
各部門、新規顧客数を増やす!
抽象的な行動のみの目標はダメ
具体的な数字を入れる
成約数を10%増やす

問題解決の目標設定としては、100点

ただし……

はじめは上手くいかない。その場合、多少手に届きやすい目標から始め、小さな達成感を味あわせながら、少しずつ目標を引き上げていく方法がよい

5-03

タテとヨコの質問で問題点を探そう

タテの質問とヨコの質問

▼8割程度のアイデアが出たら深掘りへ移行する

「タテの質問」は、深掘りしていくためのものです。わかりやすく言うと「売上が上がらない」という問題に対して、「営業スキルが足りない」→「OJTを実施してスキルやマインドの上達を目指す」というように、「スキルが足りない」という方向で考えていくことです。それに対して「ヨコの質問」は、「売上が上がらない」という問題に、「営業スキルが足りない」「営業人数が足りない」「商品の知名度がない」「競合の新商品が特別セールを始めた」など、「売上が上がらない」という問題に対して、直結の原因を出す方法です。

つまり**ヨコの質問で、様々な原因になりうる問題点を考え、タテの質問で各原因の真因を見つける**のです。この2種類の質問を自由に操ることができれば、ほぼどんな問題でも解決できるでしょう。しかし注意点があります。ある程度自分自身の中で制限を決めていなければ、答えを出す前に疲れ切ってしまいます。徹底的にやろうと考えず、8割程度のアイデアが出たら、次は深掘りへと移行しましょう。

タテの質問とヨコの質問

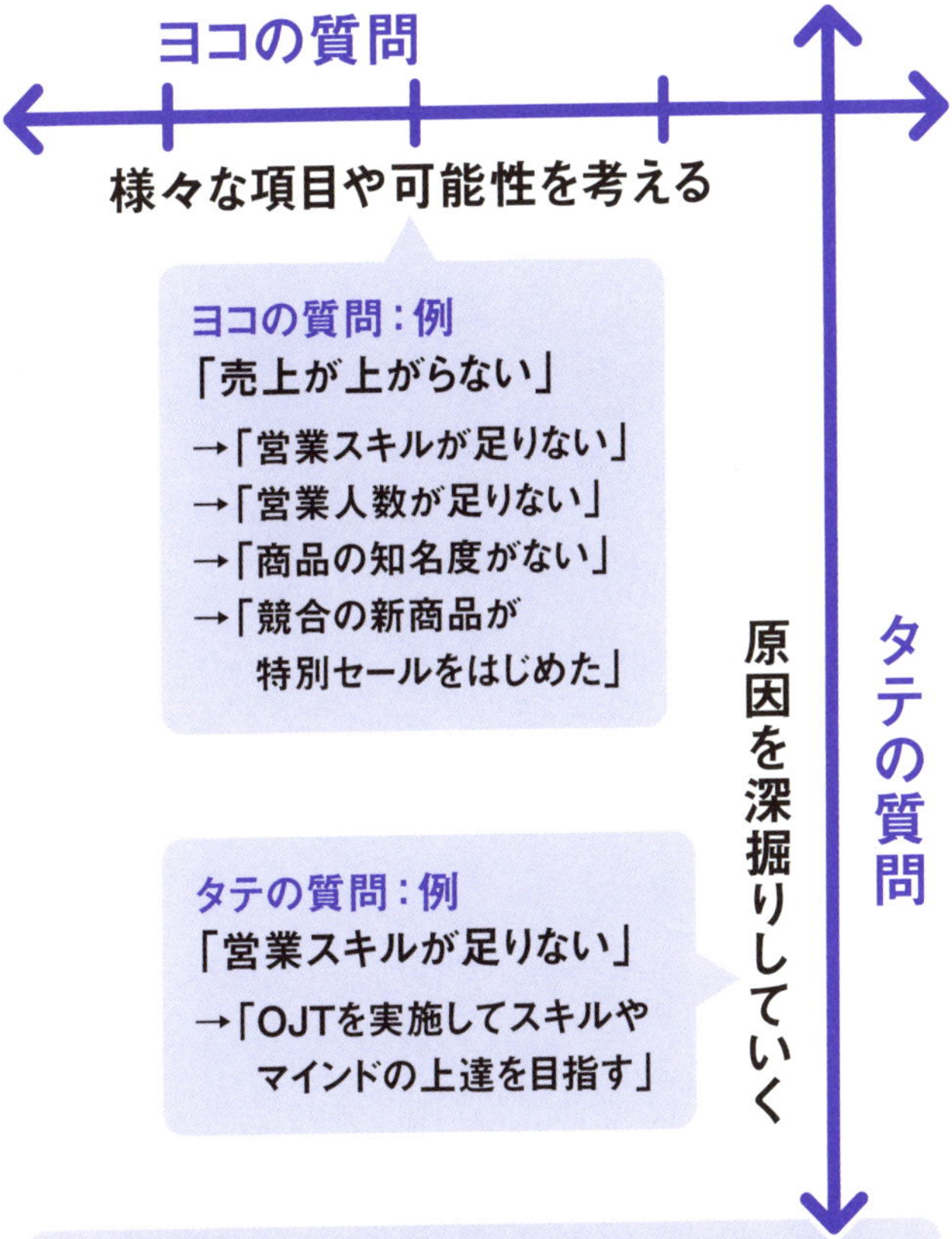
ヨコの質問
様々な項目や可能性を考える
ヨコの質問：例
「売上が上がらない」
→「営業スキルが足りない」
→「営業人数が足りない」
→「商品の知名度がない」
→「競合の新商品が特別セールをはじめた」
タテの質問：例
「営業スキルが足りない」
→「OJTを実施してスキルやマインドの上達を目指す」
原因を深掘りしていく
タテの質問

ヨコの質問で様々な原因になりうる問題点を考え、
タテの質問で各原因の真因を見つける

5-04

問題を明確にする3要素で問題点を特定

正しくとらえる・適切に切り込む・論拠をつける

▼データを正しく分析し論拠を見出す

問題点を明確にするためには、3つのポイントが必要です。まず一つ目は、**「全体を正しくとらえる」**ことです。問題をあぶり出す最初の段階で、その全体像を見誤ると「何が問題なのか？」という根本的な部分がわからなくなってしまいます。例えば、離職が多い会社があったとします。離職の原因は、上司の問題、会社全体の問題、また採用時の問題など様々考えられます。もし会社全体の雰囲気に合わない人を採用していることが原因だったとしても、その全体像をつかめず、安直に上司に問題があると判断すれば、いくら上司を代えても改善できません。次に**「適切に切り込む」**ということ。漠然と営業成績が上がらないと悩んでいても、はじまりません。新規顧客開拓ができていないのか、セールストークが下手なのか、クロージングができないのかなどを分けてみます。このように問題があると思われる部分を分割しながら、データを照らし合わし、**「論拠をつける」**ことで真因に近づきましょう。

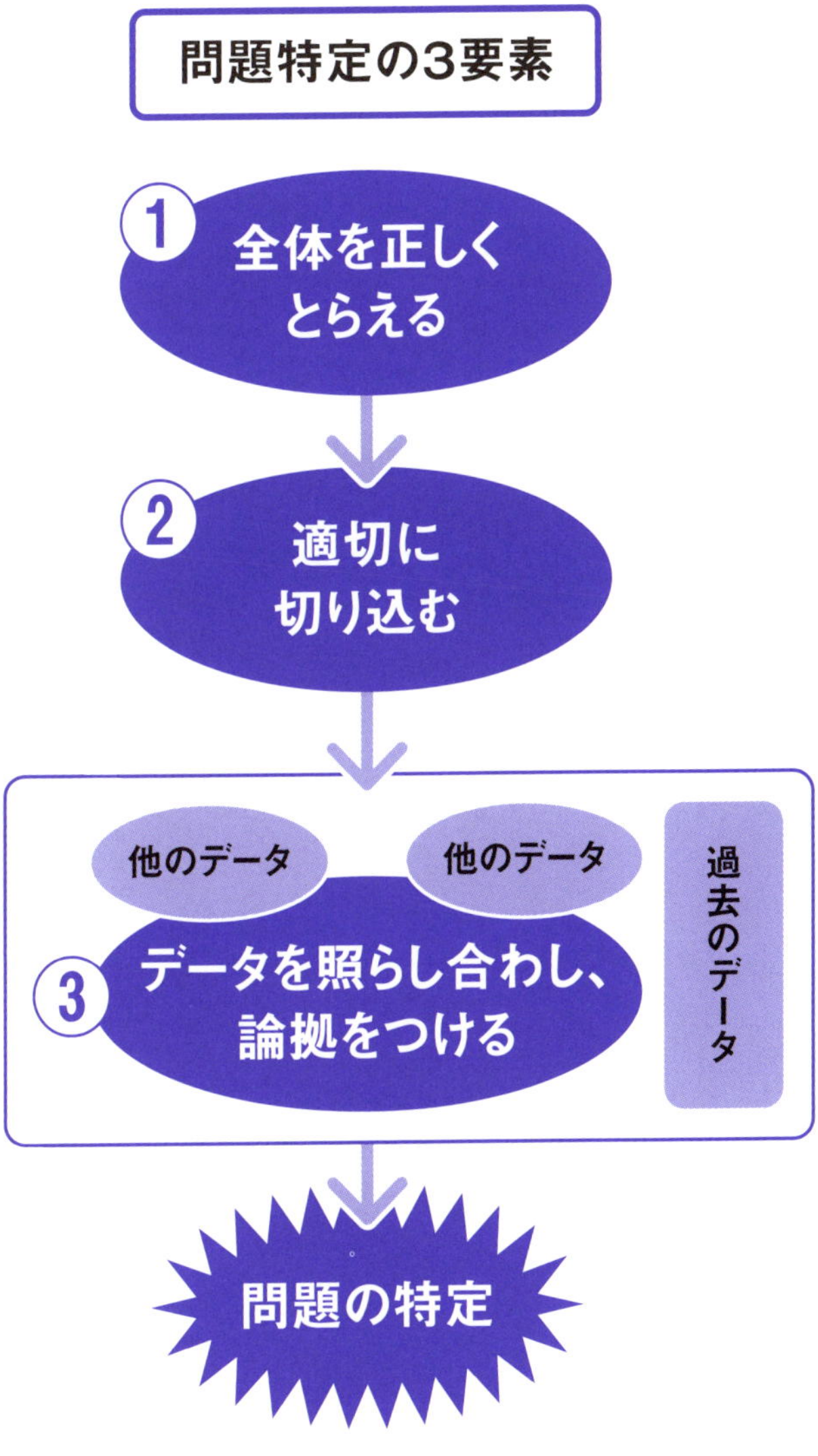
問題特定の3要素
1
全体を正しくとらえる
2
適切に切り込む
他のデータ
他のデータ
過去のデータ
3
データを照らし合わし、論拠をつける
問題の特定

5-05 MECE（ミーシー）で問題を正確にとらえよう

Mutually Exclusive and Collectively Exhaustive

▼全てにおいて漏れなく重複せずに全体をとらえる

ロジカルシンキングで用いられているMECEという手法を使い、問題点を探してみましょう。MECEとは、Mutually Exclusive and Collectively Exhaustive の略語で、Mutually（相互に）、Exclusive（独占して）、Collectively（集団的に）、Exhaustive（徹底的な）という意味の集まりです。噛み砕いていうと、**全てにおいて徹底して漏れがなく、また重複せずに全体をとらえる**ということです。重複している部分は、最終的に確認をすればわかりますが、全体像がわからず、見落としている場合は、確認してもわからないケースが多いでしょう。そのために、あらかじめMECE用のチェック項目を洗い出しておきましょう。どの分野の問題を洗い出すかによって異なりますが、例えば、性別、年齢層、地域、最寄りの駅、年収、家族構成などをあげます。これらの基本情報は、住宅販売などで活用されることが多いです。より詳しい情報があれば、セールスだけではなく、行政政策や地域起こしなど様々な用途に生かされるでしょう。

MECEで問題を正確に捉えよう

MECE=
Mutually Exclusive and Collectively Exhaustiveの略語

漠然とした問題

［MECEフィルター］

- **相互に　Mutually**
- **独立して　Exclusive**
- **集団的に　Collectively**
- **徹底的な　Exhaustive**

「全てにおいて徹底して漏れがなく、また重複せずに全体をとらえる」

↓

問題点　**正確に把握！**

5-06

ECRSで斬新な商品開発を実現しよう

Eliminate・Combine・Rearrange・Simplify

▼無駄を省き統合できることは統合しよう

問題解決は、欠落しているところを埋めるのであれば、代替のものを持ってきたり、傷が広がらないよう堅実な手当が必要ですが、新商品を開発したいというときは、思い切った思考が欲しいものです。ゼロベース思考もその一つですが、このＥＣＲＳの原則を活用するとよいでしょう。これは、「Eliminate（なくす）」「Combine（統合する）」「Rearrange（交換する）」「Simplify（簡素化する）」の頭文字をとったものです。

この考え方は生産工場などで、**シンプルに統合できることは統合しようというものですが、事業改革や商品改革にも転用ができます**。幅広い層をターゲットにしていたことを、ピンポイントに絞ったり、全く違ったものを組み合わせてみたり、業務タスクの無駄を省き、簡素化し一つのタスクに合わせたりと多様な考え方ができます。ＥＣＲＳの原則だけではなく、業種や業態によってその分野に適したメソッドが数多くあります。そのメソッドを自社の成長のために組み入れることができれば、より多様な戦略が考えられるでしょう。

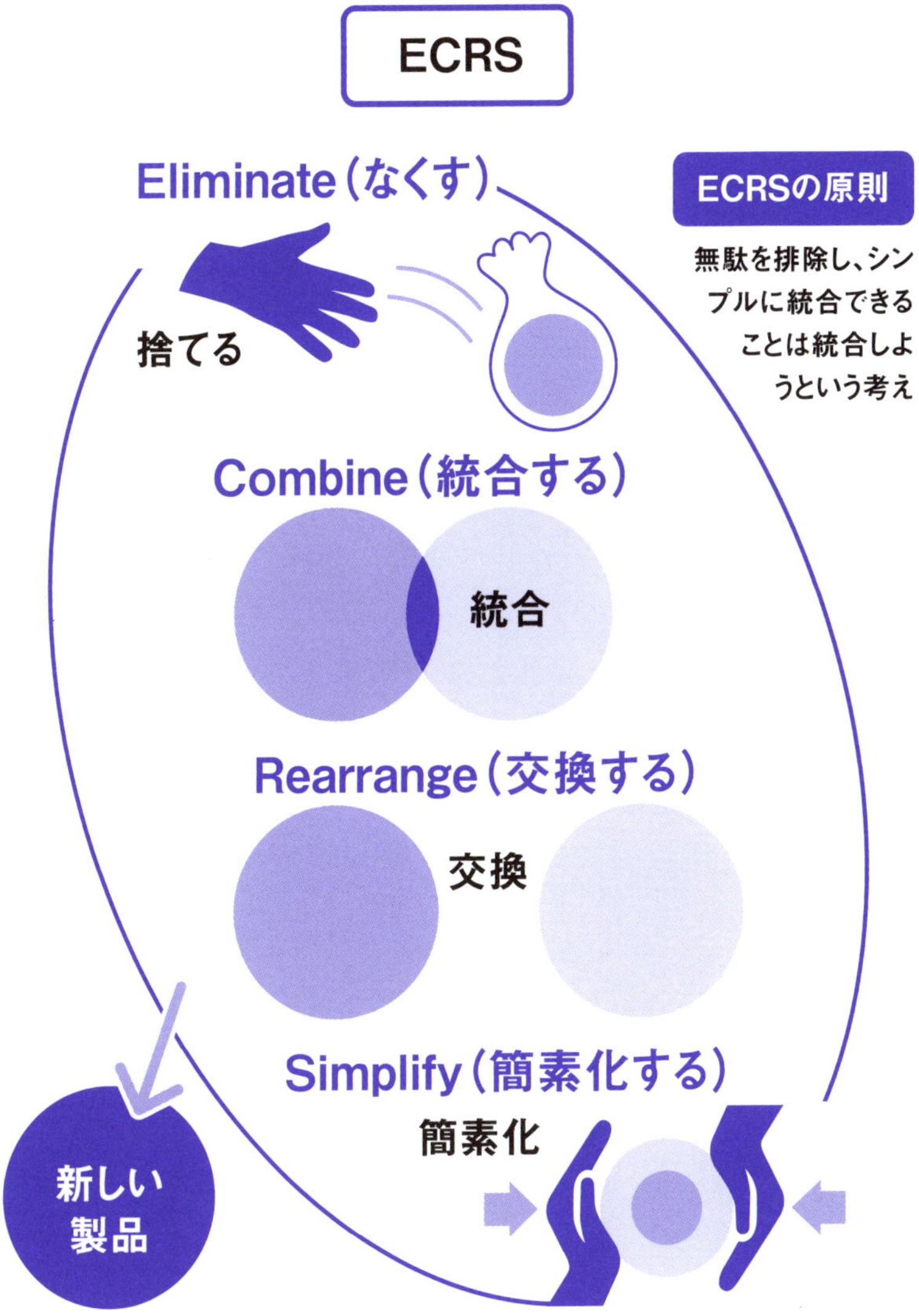
ECRS
Eliminate（なくす）
捨てる
ECRSの原則
無駄を排除し、シンプルに統合できることは統合しようという考え
Combine（統合する）
統合
Rearrange（交換する）
交換
Simplify（簡素化する）
簡素化
新しい製品

5-07

KSF分析で自社の強みを自覚する

Key Success Factors

▼成功している要因を挙げていく

順調な経営のときは、悩みも少なく、改善点を考えるという意識は低くなるでしょう。そんなときは将来のあるべき姿を明確にし、それに向けての問題点を洗い出します。しかし、常に問題、問題と粗探しをするのではなく、自社の強みを認識して、そこをどう伸ばすのか、また競合他社の圧力を感じたときは、ぶれない戦略の考え方を見つけましょう。そこで活用できるのがKSF分析です。これは**「キー・サクセス・ファクター（Key Success Factors）」分析の略語で、成功している要因を挙げていきます**。例えば、安価で入手しやすいブランドイメージから高級感を漂わせたブランドへのイメージチェンジが成功し、デフレ競争から脱出することができたとしましょう。この会社は、自社の強みが実は将来の弱みになることを、KSF分析で理解していたからこそ、難しいイメージチェンジにトライしたのです。ちなみに、顧客がどのような点を重視して商品の購入を決めているのかを知るには、KBF分析（Key Buying Factors）という手法を用います。

KSF分析で自社の強みを自覚する

KSF分析

KSF=Key Success Factors
成功要因を挙げていく分析

自社の強み

↓

より強く!
長所を伸ばす!

問題点

↓

問題解決

問題を粗探しするのではなく、
自社の強みを認識して、そこをどう伸ばすのか考える

5-08

4Pのフレームワークで問題を考えよう

Purpose・Position・Perspective・Period

▼目的・立場・空間・期間の4つの軸で考える

フレームワークとは、問題やその解決法を考える上で活用できる枠組みです。ここでは、問題解決のための4Pを紹介しましょう。**「Purpose（目的）」「Position（立場）」「Perspective（空間）」「Period（期間）」の4つの軸から考えます**。情報収集するときに「目的」を明確化していなければ、全く必要のない情報まで混在し情報整理に無駄な時間がかかってしまいます。「立場」は、商品開発部なのか営業部なのかによって問題解決法が変わってきます。さらにはプロジェクトリーダーなのか一員なのか、また役職によっても策は異なります。「空間」は、その問題が及ぶ範囲。会社全体で考えるべきことなのか、部署内で収まる問題なのか、業界全体で改善していかなければならないことなのかという規模を表します。「期間」は、問題解決に必要な時間です。これは自分たちで決められることと、決められないことがあります。例えば、イベント開催までに解決しなければならないことがあれば、それが締め切りです。その中で何ができるかを考えるのです。

4Pフレームワーク

問題解決における4P

Position

立場

商品開発部なのか、営業部なのかによってできる問題解決法が変わってくる。さらにはプロジェクトリーダーなのか一員なのか、また役職によっても講じる策は異なる

Purpose

目的

情報収集するときに目的を明確化していなければ、全く必要のない情報まで混在して情報整理に無駄な時間がかかってしまう

問題点

Perspective

空間

問題が及ぶ範囲。会社全体で考えるべきことなのか、部署内で収まる問題なのか、はたまた業界全体で改善していかなければならないことなのかという規模を表す

Period

期間

問題解決に必要な時間。これは自分たちで決められることと、決められないことがある

5-09

三現主義で問題点を確定しよう

現場・現物・現実

▼目の前にあるものを実際に見て問題解決をする

三現主義とは、「現場」「現物」「現実」の3つを重視するという考えで、何か問題が起こったときは、机上で論じ合うだけでなく、現場に行き、目の前にあるものを実際に見て問題解決をしていきます。製造工場では、それぞれの工程がしっかりと分かれているので、実際にどこに問題があるのかは、書類を見たり、パソコン上のデータを確認したりするよりも現場を見た方が明確なのです。

トヨタ自動車では、この三現主義をオフィスにも取り入れているようです。要は、工場と同じようにオフィス内でも業務の工程を明確にするということが大切なのです。そう考えれば、様々な業界でも活用できるかもしれません。商品開発部でいうと、「市場調査→新規商品の企画書→会議でプレゼン→開発→販売PR→販売」。うまくいかないときは、このタスクの中で、どこに問題があるのかを明確にして解決策を練ります。**問題解決の方法は、機転を利かし応用できれば、新たな視点で新たな問題を発見できる**かもしれません。

三現主義

三現主義とは

「現場」・「現物」・「現実」の3つを重視するという考え

×

机上の空論

頭の中だけで考え、実際に役に立たない理論。現場を見ていないマネジャーが、データや方式のみで作り上げた改善策や対策は現場では使えないことが多い

○

現場

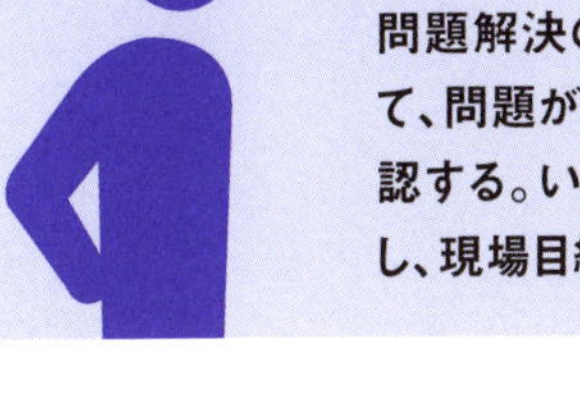

現実

問題解決の際、実際の現場を見て、問題が発生している現物を確認する。いわゆる「現実」を直視し、現場目線で解決策を考えよう

5-10

論拠をつけて問題を特定しよう

問題点の洗い出しが不十分だと誤った論拠に振り回される

▼論拠とは、その問題が本当の問題だと裏付ける証拠

問題点を見つけ、問題解決策を実行していても一向に良くならず、何度手法を変えても改善できず、改めて一から確認してみると、はじめに問題だと思っていたことが実は関係ないことだった、ということがあるかもしれません。大変な時間と労力、また無駄な費用を費やしただけになります。そうならないためにも、**論拠をつけて問題を特定しましょう**。問題解決でいう論拠とは、「本当の問題だということを裏付ける証拠」です。

例えば、毎回営業成績が目標に達しない3人のグループがあります。その中でA君がダントツに成績が悪いので、A君の努力が足りないという結論を出したのですが、どんなに努力をしても数字が上がりません。そこで一番成績の良いB君がA君のエリアを担当することになりましたが、成績は上がりません。実はA君のエリアには、競合がひしめいていたのです。つまり、問題点の洗い出しが不十分だったため、誤った論拠に振り回されていたのです。このように仮説のための結論でも、論拠をつけることが重要なのです。

論拠が大切

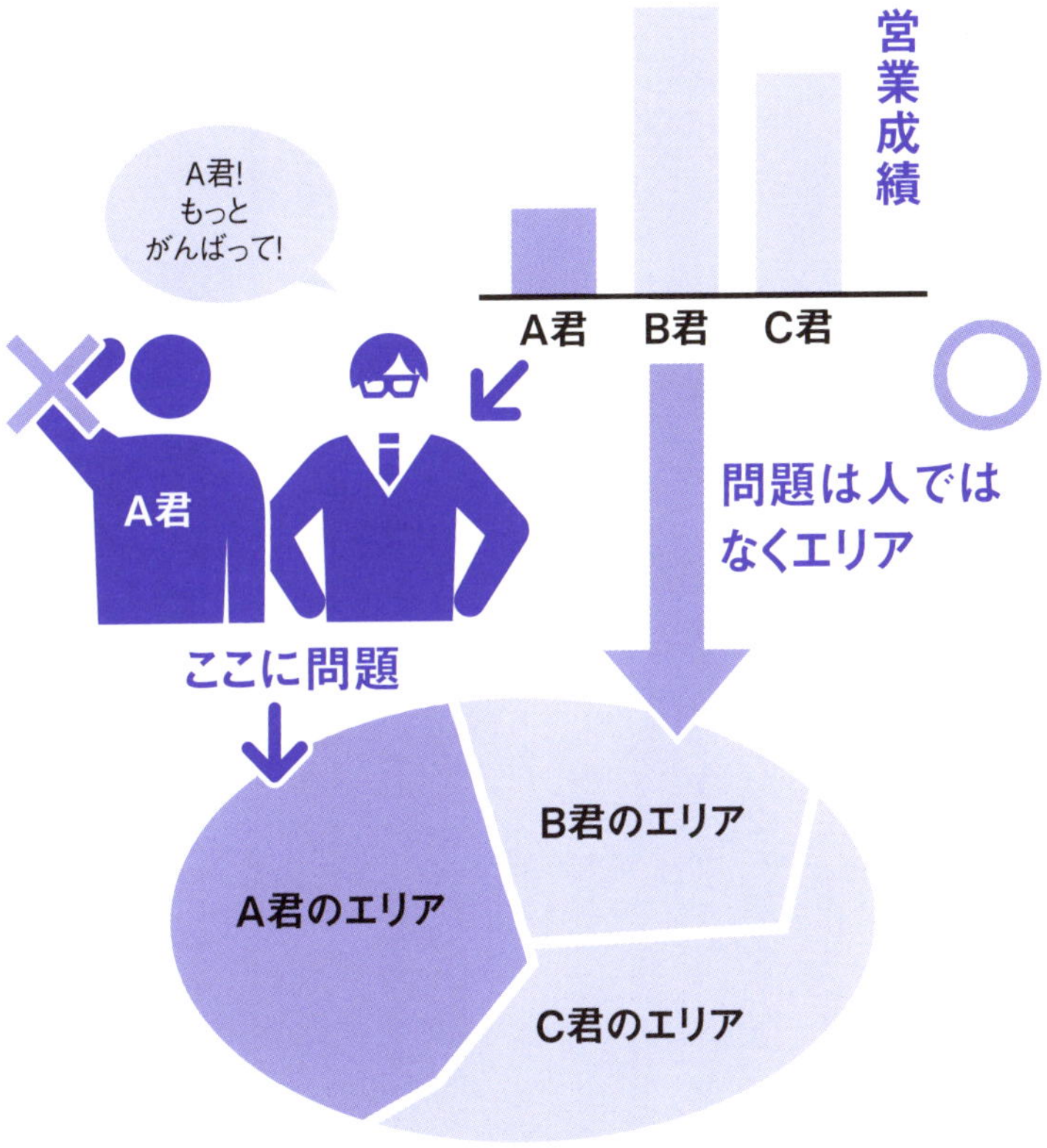

問題点の洗い出しが不十分だったため誤った論拠に振り回されていた!

5-11

真因は表層的な問題の裏にあるわけではない

簡単だと思いがちな問題ほど究明は慎重に

▼問題解決どころか、問題を大きくしかねない

問題解決策を単純に考えすぎると大きな失敗につながることがあります。例えば、目の前にファストフード店ができてから、ランチの売上が下がってきた定食屋があるとします。競合が進出してきたという事実があるわけでとても気になります。「うちのランチが高いから、ファストフードよりも安くすればいい」という考えは危険です。

消費者にとって、価格は安いに越したことはないですが、「デフレ競争になる」→「原価を下げるために、材料の質を落とす」→「安かろうまずかろう」→「客離れ」という負のスパイラルに陥るのです。これでは問題を大きくしたにすぎません。結果、誰も得をしません。一番損害を被っているのは、従業員ではないでしょうか。原価を下げるにも限度があり、あと削れるところといえば、人件費。人を少なくし、きつい労働を強いることで問題にもなりました。**一見、簡単に問題解決ができると思いがちな案件ほど、問題点の究明には、しっかりと順序立てて、フレームワークや各種分析を用いましょう。**

問題解決は単純化しない

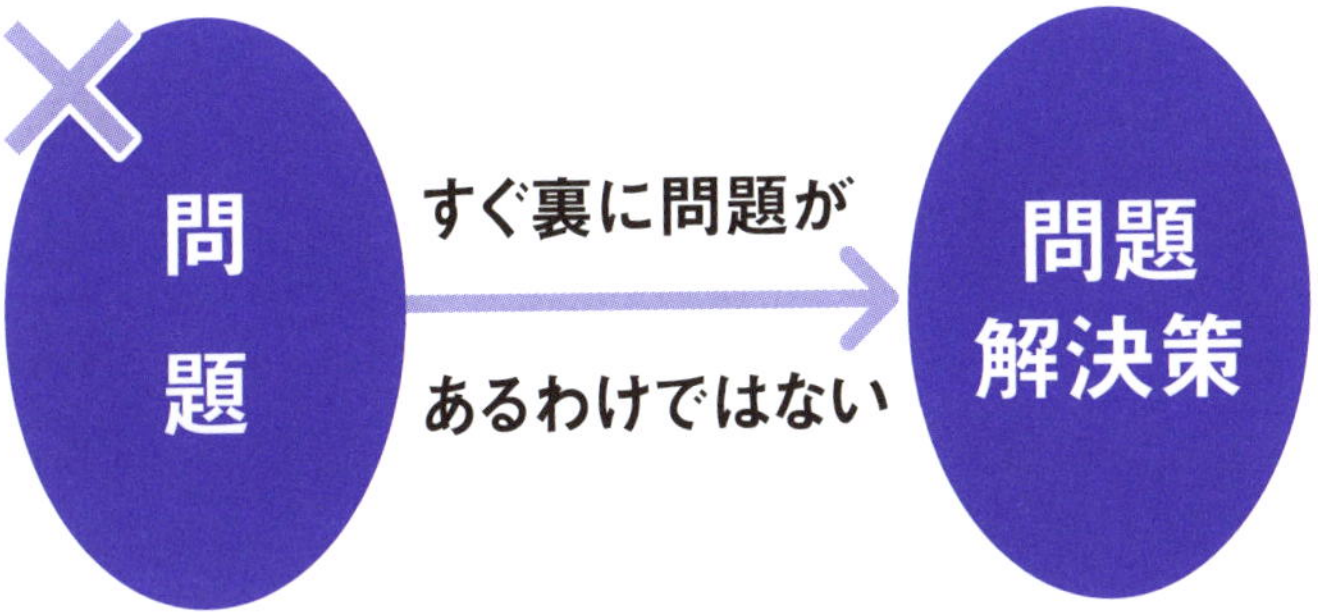
×
問題
すぐ裏に問題が
あるわけではない
問題解決策

問題解決策は、ただ単に問題点を裏返せば生まれるものではない。どんな問題に対しても、早とちりせず慎重に熟慮しながら、一つ一つ解決策を検討しよう

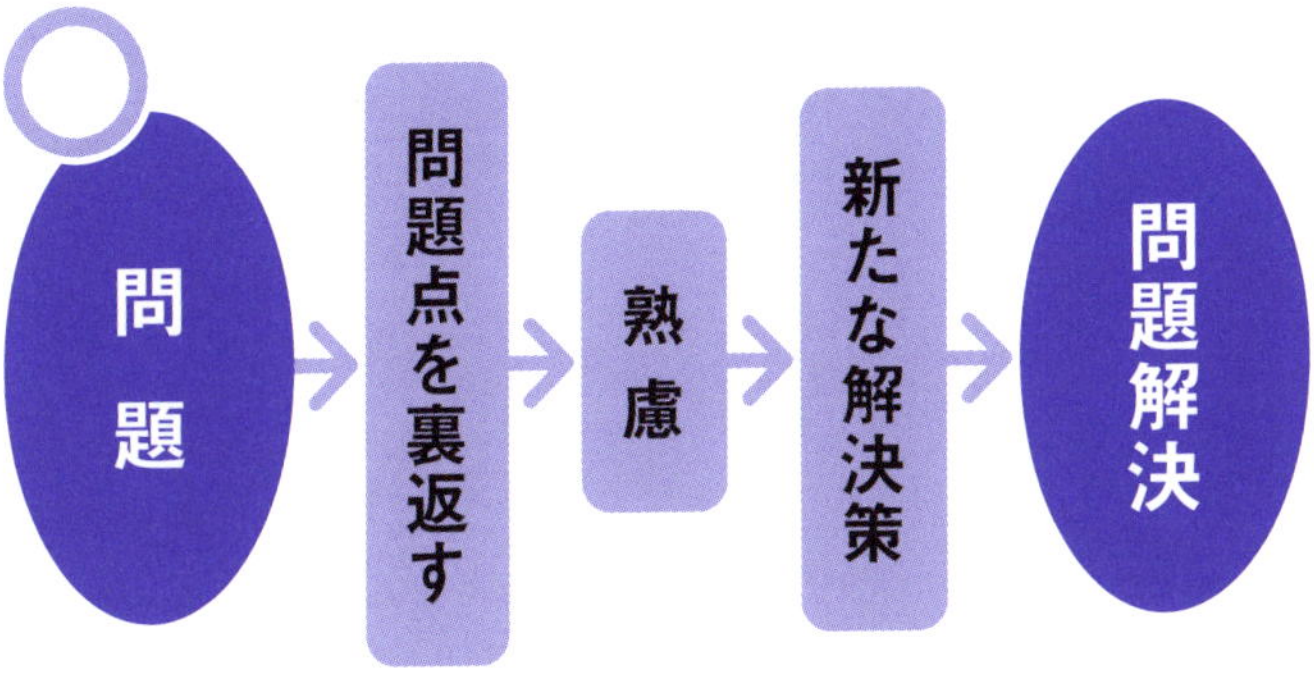
○
問題
問題点を裏返す
熟慮
新たな解決策
問題解決

5-12

曖昧な日本語は使用しない！

どのようにでも解釈されるような言葉は避ける

▼多種多様に解釈できるのであれば、それは何も決まっていない

問題点を掘り下げるときに重要なのは、曖昧な言葉を使わないことです。社会においても、様々な解釈がされるのであれば、それは何も決まっていないということです。**問題点の究明や解決策の分析をするときは、曖昧な表現やどのようにでも解釈される言葉は避けなければなりません**。例えば、「営業成績が悪いのは、営業部の努力が足りないからだ」→「では来月から営業部は一丸となって頑張ります」では、宣誓をしたにすぎず、具体的な解決策にはなっていません。そこで「営業成績が悪いのは、営業部の人員が足りないからだ」→「では来月から営業部の人員を増やします」とします。具体的になってきましたが、注意しなければならないのは、「いつから人員が足りなくなったのか」という点です。以前から足りないのであれば、今月始まったことではありません。先々月に人が辞めたので人員不足になったのなら「営業成績が悪いのは、営業部の人員が減ったからで、その分売上が落ちました」ということになります。これならば、納得がいくでしょう。

言葉で問題の質が変わる

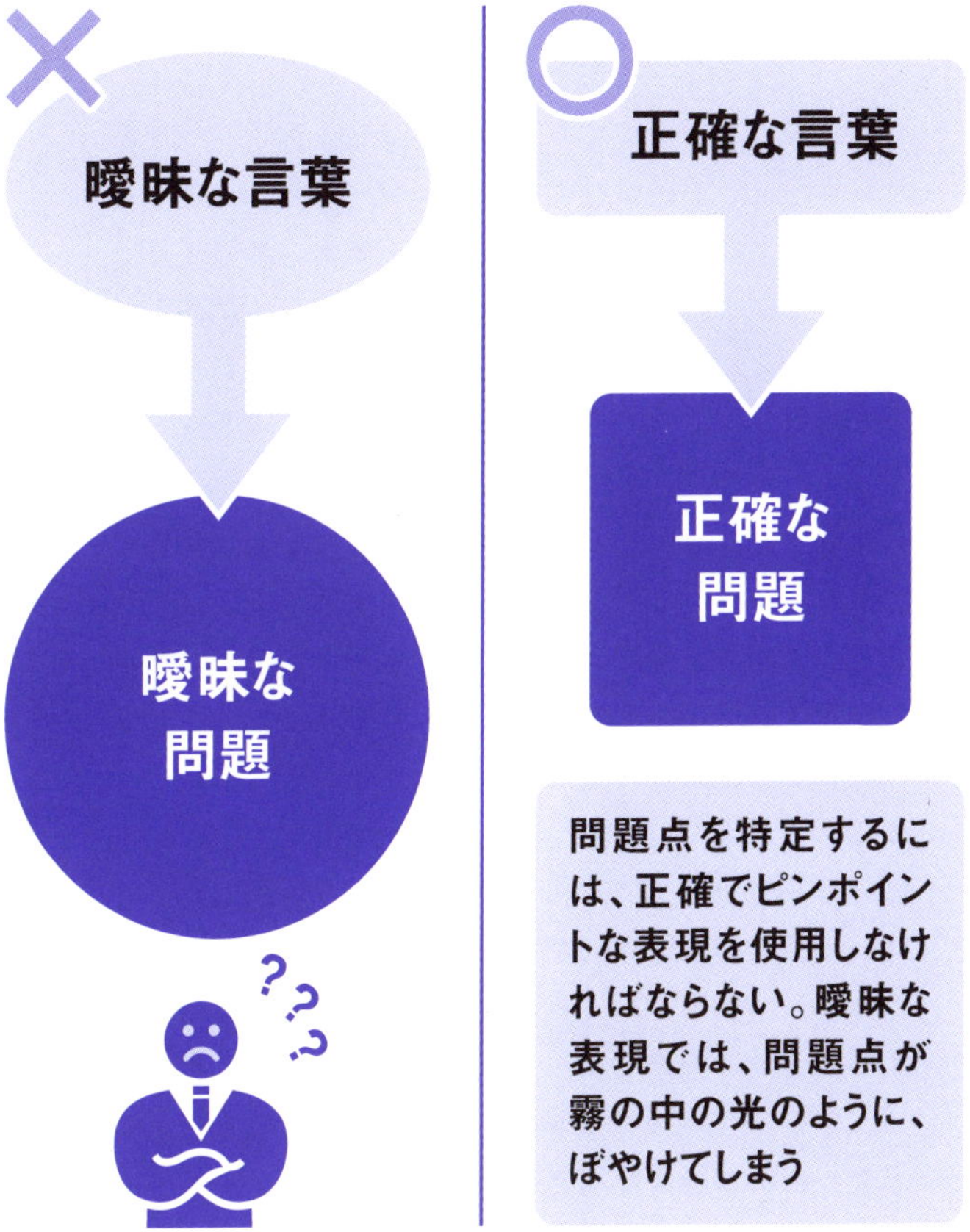

×
曖昧な言葉
曖昧な問題
???
○
正確な言葉
正確な問題

問題点を特定するには、正確でピンポイントな表現を使用しなければならない。曖昧な表現では、問題点が霧の中の光のように、ぼやけてしまう

コラム

フレームワークは問題解決の方式

第５章の中でいくつか代表的なフレームワークを紹介しました。多種多様のフレームワークを知っているということは、問題解決のための方式をより多く知っているということです。フレームワークは、問題解決だけではなく、経営戦略の策定や、事業やプロジェクトを推進していく上での意思決定などに使用されます。

重要なことは、それぞれの問題をただこの方式に当てはめれば良いという考え方では失敗するということです。問題の性質や実際の現場、現状を把握し、それぞれのケースにあったフレームワークを使用しましょう。さらに、独自のフレームワークをつくると、その会社にあった問題解決方法が生まれます。「独自の」といっても一から方式をつくるのではなく、今あるフレームワークを自社の業種や社風にあわせて、マイナーチェンジさせれば良いだけです。あまり難しく考えることはありません。フレームワークはいくつもありますが、使用する目的は、「とどのつまり……何なの？」という答えを導き出すことです。フレームワークとは、一目では分かりにくい問題をピンポイントで見つけ出す方法です。

第6章

問題の解決方法を探る

6-01

問題設定から解決に至る流れを知ろう

4つの問題設定の解決への流れ

▼問題解決の流れにそれぞれ違いがある

先述したように、**問題設定には、「発生型」「理想追求型」「将来とのギャップ型」「想定型」の4つがあります**。「発生型」は、突然発生し、即対応しなければならない状態ですから、いちいち「あるべき状態」などを設定することはありません。解決目標を決めて、解決策を探りましょう。多くの組織は、この発生型の対処に追われ、「理想追求型」まで目を向ける余裕がないのかもしれません。ですから、一度解決したデータは、しっかりと共有しましょう。次に「理想追求型」は、あるべき状態、いわゆる将来像をしっかりと決めなければなりません。将来像なくして問題解決はできませんが、今現在、困り果てた状態ではないため、後回しになりがちです。迅速な対応というより、多少時間をかけても社内でじっくり検討し、それに向けての問題点を洗い出しましょう。「将来とのギャップ型」と「想定型」は、同じように時流を考え目標を設定します。この場合、そのトレンド自体全てを把握することは不可能なので、その時々で修正していくことになるでしょう。

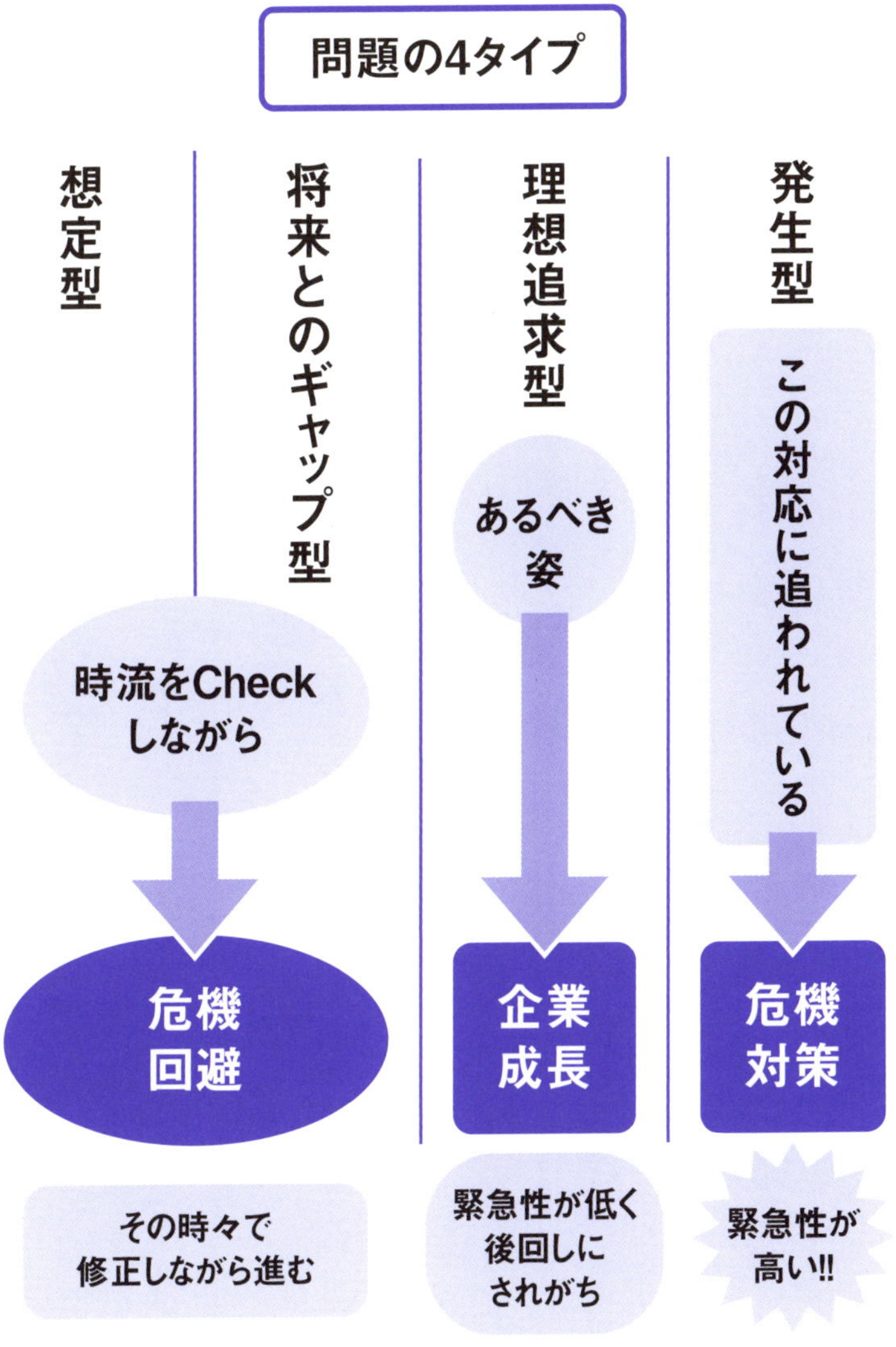
問題の4タイプ
発生型
この対応に追われている
危機対策
緊急性が高い!!
理想追求型
あるべき姿
企業成長
緊急性が低く後回しにされがち
将来とのギャップ型
想定型
時流をCheckしながら
危機回避
その時々で修正しながら進む

6-02

解決策の仮説を立てよう

仮説でのトライアル・アンド・エラー

▼よりクオリティの高いアイデアになる

問題点を洗い出したら、次は解決策を考えます。**問題点が絞られているからといって、いきなり解決案を作るのではなく、まずはアイデアを出します**。ここでは実現不可能なアイデアでも構いません。決して否定することなく、ブレストのように様々な方向のアイデアを出していきましょう。例えば、赤字削減の解決策として、「人件費削減のためリストラ」「事業を縮小し経費を削減」「新規事業で収益を増やす」など定番のアイデアだけではなく、独自性の高いアイデアもどんどん出していくのです。そこで出たアイデアは、似たものがあれば、まとめてグループ化します。そしてグループ化したアイデアの費用対効果を図ります。実行するのにどれだけの人員が必要で、どのくらいの期間がかかるのか、またそれにかかる費用はどのくらいか、などいくつかのタスクに分け、ABC分析などで評価します。それで一番評価が高いものを仮説にし、トライアル・アンド・エラーしていきます。

仮説でのトライアル・アンド・エラー

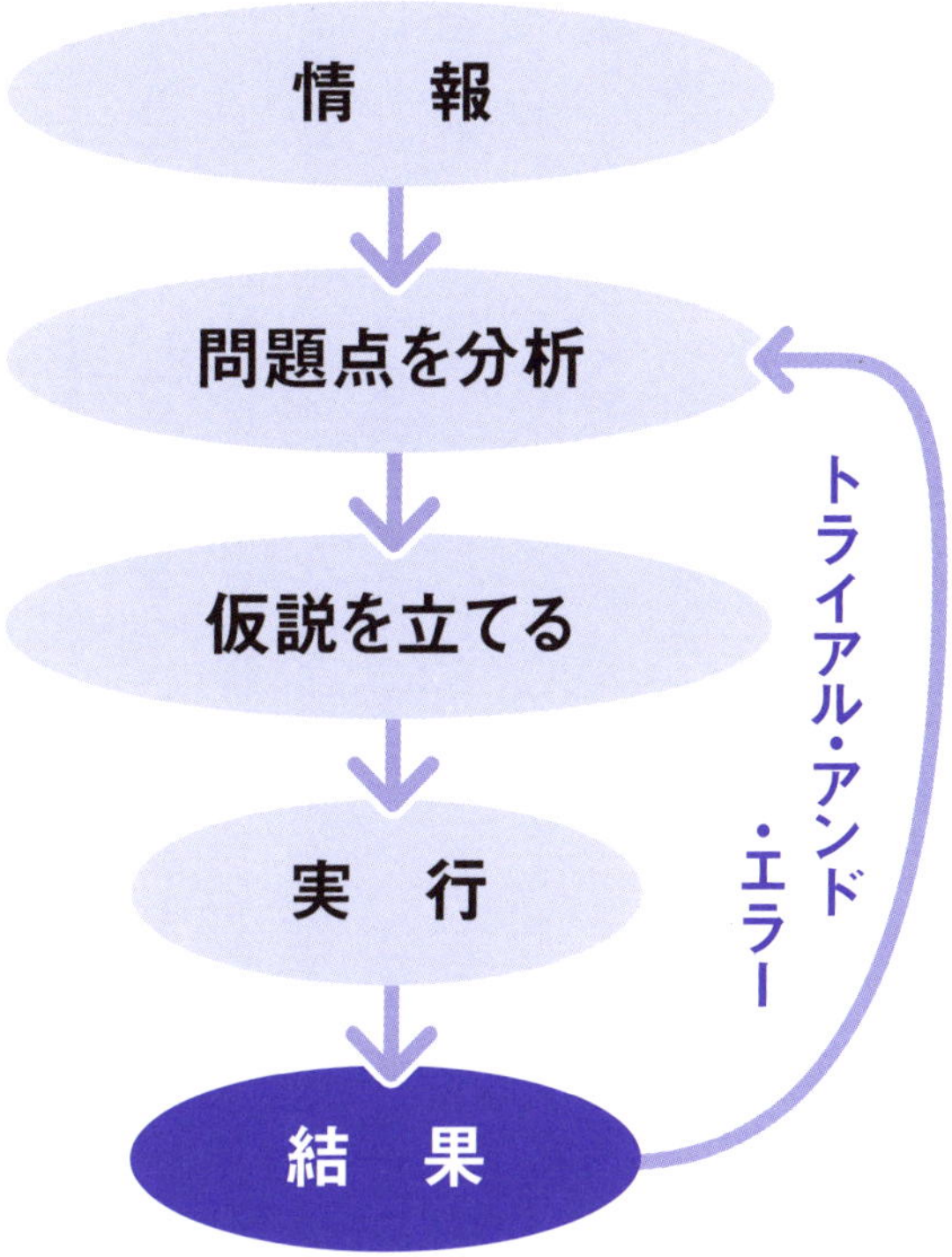
情　報
問題点を分析
仮説を立てる
実　行
結　果
トライアル・アンド・エラー

この手法は、最初に出すアイデアの質により効果が分かれる。また、グルーピングするときに、それぞれのアイデアが別のアイデアを補完するので、よりクオリティーの高いアイデアになる点が特長

6-03

できること・できないことを明確にしよう

問題がコントロールできるかできないか

▼コントロールできないことを補うことが問題解決の一つの方法

問題を見つけるときに重要なのは、その問題がコントロールできるか、できないかです。例えば、今期の自社の売上が下がるから、競合他社の売上を下げようと思ってもできませんし、何の解決策にもなりません。また「天候が悪いから」「過疎化してきたから」という問題も同じです。深刻な悩みかもしれませんが、雨や風を止めることも人の引っ越しを止めることもできないでしょう。それよりは、「悪天候のときにこそ売れるものを販売する」「引っ越していく空き家を使って新たな客を呼ぶ」などの発想で問題解決に臨む方が効果的です。例えば、プロ野球球団の広島カープの観客動員数が最低になったときに、「大都市に比べ、周囲の絶対的な人口が少ないから」と諦めたら、そこで終わりです。新たな球場を作るとき、ファン一人ひとりが何度も来たくなる球場にしようと、他の球団にない様々な施設を作った結果、球団史上最高の観客動員数を記録したのです。このように**コントロールできないことを、できる部分で補うことが問題解決の一つの方法**です。

コントロールできること、できないこと

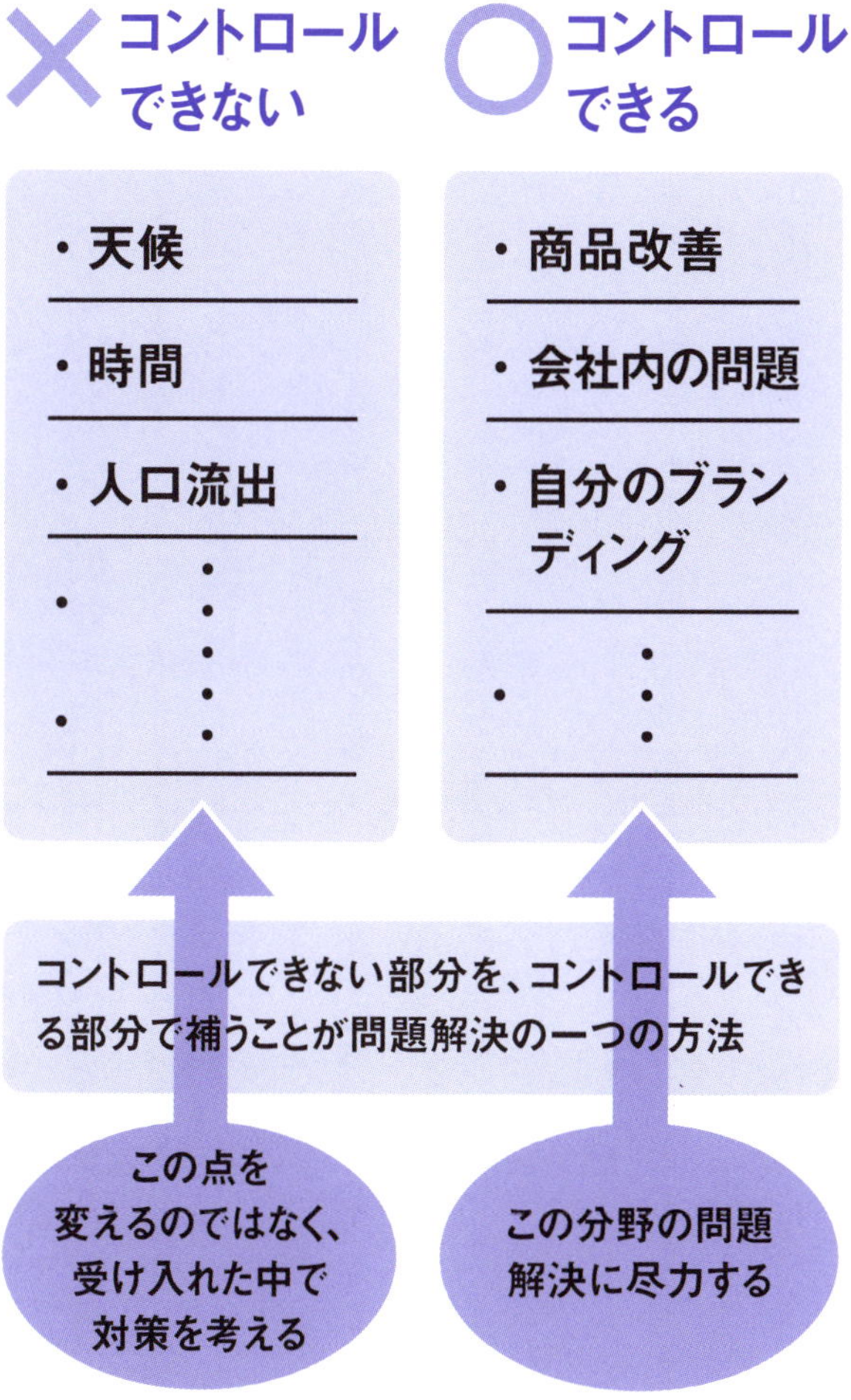
×コントロールできない
・天候
・時間
・人口流出
・
・
○コントロールできる
・商品改善
・会社内の問題
・自分のブランディング
・
コントロールできない部分を、コントロールできる部分で補うことが問題解決の一つの方法
この点を変えるのではなく、受け入れた中で対策を考える
この分野の問題解決に尽力する

6-04

他責では解決策は見つからない

全ての条件を並べ、問題を洗い出し、解決策を見つけよう

▼一回で完璧な解決策を出すことは難しい

解決策がなかなか出てこないというケースもあるでしょう。よくあるのは、完璧な解決策を練り出そうとしているケースです。**どんな人でも、一回で完璧な解決策を出すことは難しいでしょう。トライアル・アンド・エラーを実施すると割り切るか、わざと不完全な解決策を試そうと心に決めるか、どちらかを選んでください。**机上で悩むより、きっと早く問題が解決するはずです。やっかいなのは、ほかに責任を転化する人です。「私たちは、きちんとやっている。問題が起きているのは社会のせい」「時代のせい」「環境のせい」、このようなフレーズを使ったことのある人は、注意しましょう。もちろん完全な間違いではないかもしれませんが、ほかの責任にしていても問題は解決されません。環境が悪いならば、その悪い環境の中でどうするのか？　悪い時代の中で自社がどのように生き残っていくべきかを考えなければなりません。これが問題解決の真骨頂ではないでしょうか。全ての条件をテーブルに並べ、そこから問題を洗い出し、解決策を見つけましょう。

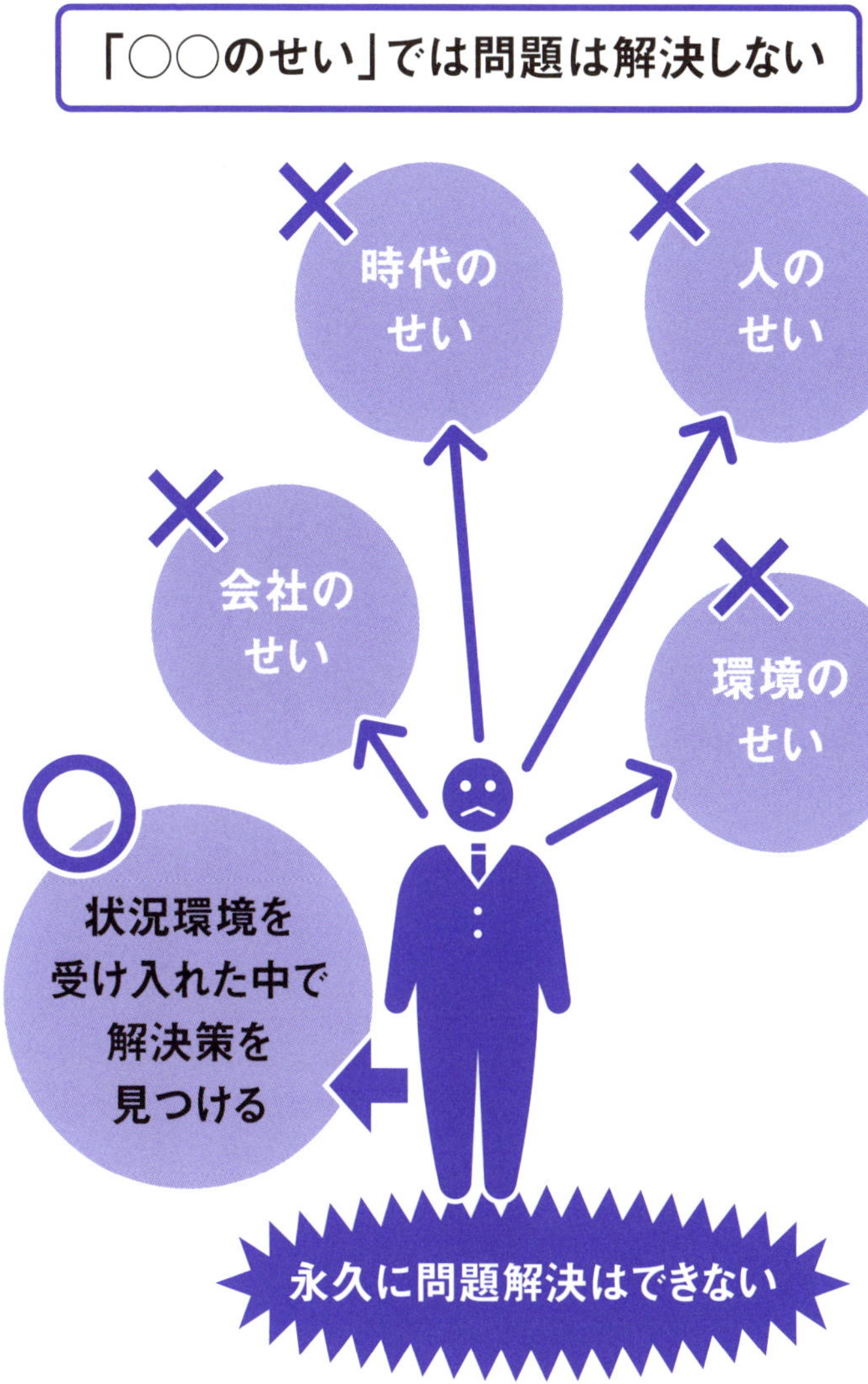
「○○のせい」では問題は解決しない
時代のせい
人のせい
会社のせい
環境のせい
状況環境を受け入れた中で解決策を見つける
永久に問題解決はできない

6-05

責任の所在を明確にしよう

裁量権と責任は表裏一体

▼責任をとる者がそれ相応の裁量権を与えられるべし

問題解決やトライアル・アンド・エラーをするときに一番重要なことは、失敗したときの原因究明です。不祥事後のまずい対応で倒産した企業もあります。問題が起きたときは速やかに、原因を究明するとともに責任の所在を明確にし、対応しなければ一大事になってしまいます。成功したときは、我先にと手柄を取りに来るのですが、問題が起きたときに限って、責任者がいなくなってしまいます。このようなことを避けるために、**普段の組織の中でも、ポジションは明確にしておくべきです**。各部署から集まった若手社員で社内プロジェクトを進める場合、リーダーは裁量権もあまり持たされていないことがあります。ですから問題が起きたときに、責任の所在が不明になるのです。

裁量権と責任は表裏一体で、責任をとる者が相応の裁量権を与えられるべきです。まず「ディレクションは、誰がやるのか」「責任者は誰なのか」「このプロジェクトは社長直轄なのか、どこの部署に所属するのか」「裁量権をどこまで持たせるのか」を決めましょう。

役割は明確にする

ただの進行管理や会議のまとめ役のリーダーがいても、権限も裁量権もないのでは、責任を取ることはできない

プロジェクトを始める前に、責任を取るに値する権限を与える。もちろん権力の乱用をするようならば、即解任

6-06

どの原因に手を打つのか考えよう

問題解決の効果・実現性・検討の効果を高める方法

▼対処法は3つの戦略によって変わってくる

問題点が明確になったら対策をとりますが、大きく分けて3つの戦略によって対処が変わってきます。1つ目は**「問題解決の効果を高める方法」**です。問題点の深い部分に解決策を打つのは、長期的に見れば効果が出ますが、すぐに効果が欲しい場合は、浅いところに打つのです。例えば、会社全体を改善するためには、社長や役員を入れ替え、業務計画や会社の体制の改革を行います。しかし、それだけでは一朝一夕に効果は表れません。

一方、現場レベルでの改革はすぐに顧客に反映されます。このように対処する部分によってその効果は大きく変わります。2つ目の**「実現性を高める方法」**は、これまでやっていない分野に手をつけることです。やりつくした分野をひたすら改善するよりも、これまで考えてもみなかった分野に入った方が、実現性は高いでしょう。3つ目に**「検討の効果を高める方法」**です。負のスパイラルに陥った状態から脱出するために、様々な検討を重ね、ある一ヶ所の問題に徹底的に対処し、好循環へと変えていくのです。

問題解決の3つの戦略

1	問題解決の効果を高める方法	すぐに効果が欲しいときは浅いところの問題点に対策を打つ。現場レベルでの改革はすぐに顧客に反映される
2	実現性を高める方法	これまでやったことのない分野の問題に手をつける。やりつくした分野をひたすら改善するよりも、これまで考えてもみなかった分野に入った方が、実現性は高い
3	検討の効果を高める方法	悪循環を断ち切る対策を打つ。様々な検討を重ね、ある一ヶ所の問題を徹底的に対処し、好循環へと変えていく

6-07

解決にあたる人材選びが明暗を分ける

経験者やそれなりの能力を持った人が必要

▼実行できる人の顔を思い浮かべながら問題解決策を練る

問題解決策を実行するときの人選が、成否を分けるといっても過言ではありません。例えば、「知名度の高い大手企業が参入してきたせいで、売上が下がっている。資金力では負けるので低コストでなんとかＰＲをしたい」という企業があったとしましょう。そこでＰＲ策を検討し、戦略を練り、いざ実行。しかし、予算削減のためＰＲ会社ではなく、社内の営業部の若手数人で実行したため、右往左往し、当初狙っていた効果は全くなく、無駄金と大切な時間を使っただけで終わってしまいました。予算を抑えたとしても、全く効果がないのであれば、意味がないのです。実行メンバーは、経験者やその能力を持った人でなければなりません。**人選も、解決策の一つとしてしっかりと検討しましょう**。どうしても予算がないというのであれば、ＰＲではなく、他の対策もあったはずです。この場合、大手企業の戦略に引っ張られＰＲで勝負しなければと思い込んでしまったのでしょう。実行できる人、また自社にいる社員の顔を思い浮かべながら、問題解決策を練るべきです。

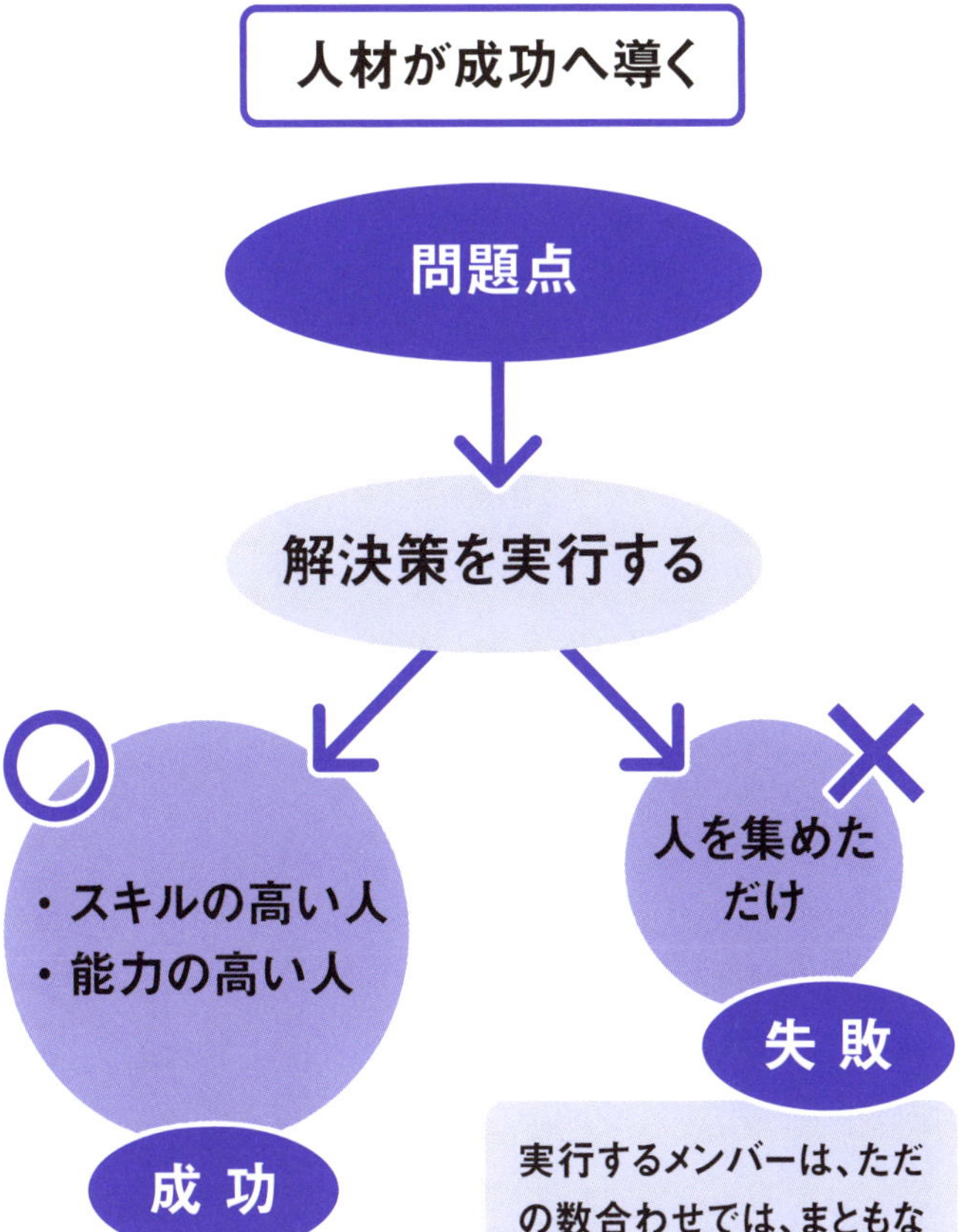
人材が成功へ導く
問題点
解決策を実行する
・スキルの高い人
・能力の高い人
成功
人を集めただけ
失敗
実行するメンバーは、ただの数合わせでは、まともな実行はできない。重要な任務遂行には、量より質の人材を確保しよう

6-08 プロコン分析で解決策を決めよう

長所と短所を並べて比較

▼メリットとデメリットを書き出し、どちらが効果的かを判断する

「プロコン」とは、プロ（Pro）が賛成、コン（Con）が反対という意味で、端的に言うと、**メリットとデメリットを書き出し、その対策が効果的かを判断する方法**です。例えば、女性社員が産後に職場復帰しやすいように社内に保育室を設置するかどうかを考えた場合。会社のメリットは「母親が安心して仕事に注力できる」「福利厚生の充実した会社というイメージで優秀な女性社員も集まりやすくなる」。一方、デメリットは「保育士や警備員などの費用がかかる」「トラブルが起こったときの対処法が不明」で、これらを比べてどのように判断するかは、経営陣次第ですが、母親も手放しで喜んでいられません。母親のメリットは「仕事の合間に授乳ができる」「もしもの災害時に離れ離れにならない」。デメリットは「通勤ラッシュに赤ちゃんを連れていかないといけない」「ビル内のため運動場で遊ぶことができない」。これらを考え、どこに預けるのかを決めます。このように長所と短所を並べて比較することで、より決断しやすくなるのです。

プロコン分析で判断する

例）女性社員が産後に職場復帰しやすいように
会社内に保育室を設置するかどうか

メリット	デメリット
・母親が安心して仕事に注力できる ・福利厚生の充実した会社というイメージで優秀な女性社員が集まりやすくなる ・仕事の合間に授乳ができる ・もしもの災害時に離れ離れにならない	・保育士や警備員などの費用がかかる ・トラブルが起こったときの対処法が不明 ・通勤ラッシュに赤ちゃんを連れていかないといけない ・ビル内のため運動場で遊ぶことができない

メリットの方が大きいので実行

6-09

企業イメージにあった解決策を選択しよう

対応いかんで企業イメージがアップ

▼解決策の選択決定のときに自社イメージをプラスして判断する

「あれだけの大企業なのに、そんな対応しかしてくれなかったの？」というように、人は常にイメージで企業を捉えています。特に有名企業の問題が発覚したときには、日本中が注目しています。このときの対応次第で、企業のイメージがアップするのか、廃業に追い込まれるかが決まるほど重要なものです。危機対策の専門家には、「問題発生時こそ、イメージアップのチャンスだ」という人がいます。実際、**問題発覚後の釈明会見で評価が上がった人、下がった人の差は明白です**。では、どのような対応がふさわしいのでしょうか。例えば、ある有名ファストフード店でテイクアウト商品を買ったお客様から、商品が足りなかったとの連絡があったとします。ふさわしい対応はどうだったのでしょうか。忙しいからといって対応を後回しにすれば、お客様は誰でも怒るでしょう。しかし、それが個人店かと、爽やかなイメージのテレビＣＭを流している大企業かでは、顧客の感情も変わります。解決策の選択決定のときには、自社のイメージをプラスした決断をしましょう。

周りからのイメージを考える

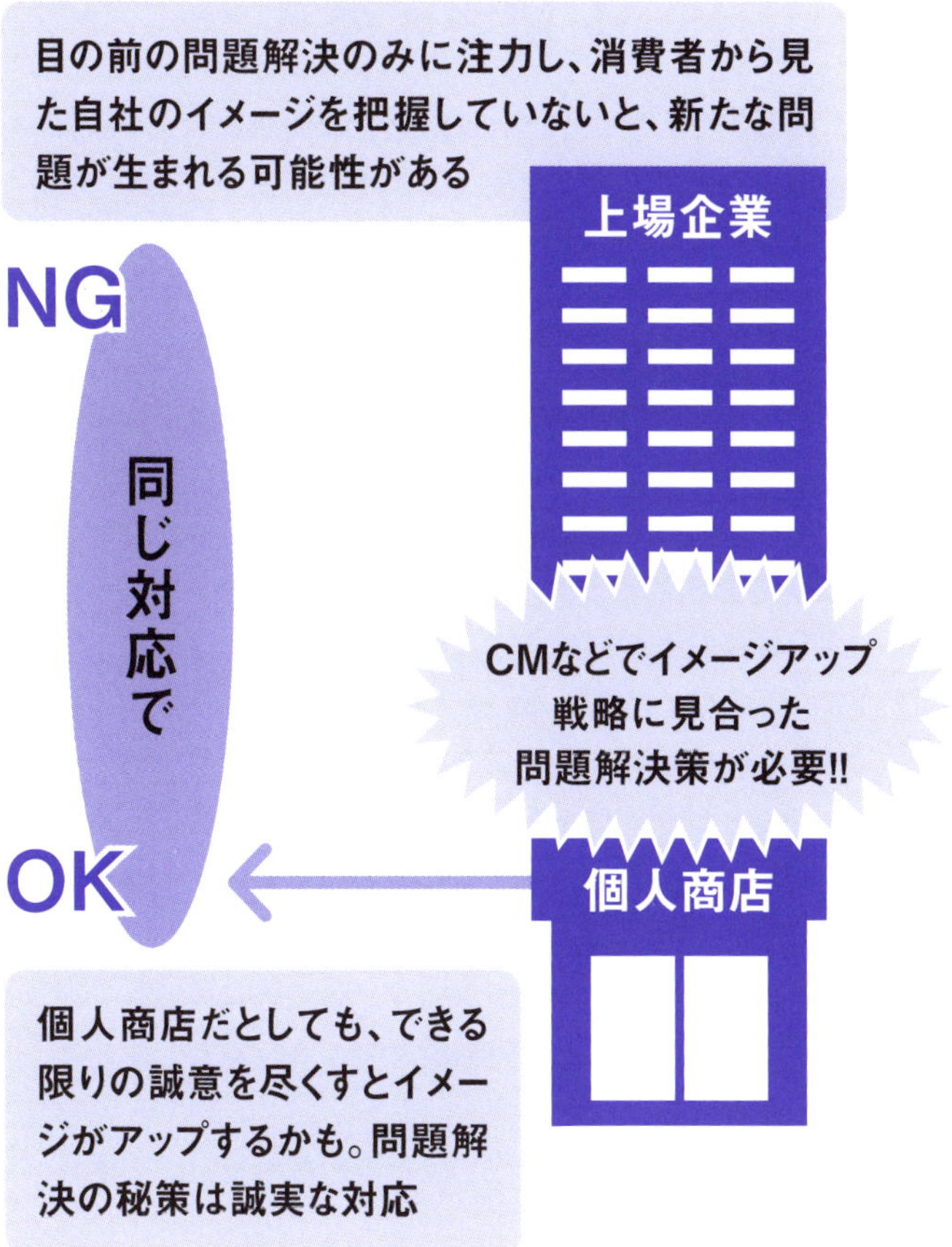
目の前の問題解決のみに注力し、消費者から見た自社のイメージを把握していないと、新たな問題が生まれる可能性がある
上場企業
NG
同じ対応で
OK
CMなどでイメージアップ戦略に見合った問題解決策が必要!!
個人商店
個人商店だとしても、できる限りの誠意を尽くすとイメージがアップするかも。問題解決の秘策は誠実な対応

コラム

問題解決のためなら、上司でも使う

協働する人がいなければ、大きな問題を解決することは難しいでしょう。個人レベルの問題でさえ、１人では解決できないものが多いのですから。その際、問題を解決できる人がいれば、上司だろうが躊躇《ちゅうちょ》することなく、協力してもらうことです。もちろん、計画性がなく、思いつきで声をかけるということではありません。社内であれば、上司に確認したり、稟議を通したりなどの規則を守った上で、その人に協力を仰ぎましょう。

それが上司だから、部長だから、もしくは社長だから、といって躊躇しないということです。その人の能力でなければ解決できない、あるいは３ヶ月で解決できることが１年かかるという場合、問題解決チームのリーダーならば、はっきりと協力をお願いするべきです。

上司や社長にお願いする場合、最終的に協力してもらえるかどうかは上司の判断ですから、あなたがためらう必要はありません。

与えられた任務を遂行するための最善策だけを考えれば良いのです。

第 7 章

問題解決方法を実行する

7-01

悩みの解消＝問題解決ではない

感情に流されない判断を心がける

▼問題点は何か、どのように解決できるか冷静沈着に考える

悩みとは、「心の苦しみや思い煩うこと」ですが、問題とは「解答を必要とする問い」であり「面倒な問題、やっかいなこと」という意味があります。**仕事をする上で悩みと問題を混同してしまうと解決できる問題もできなくなります**。問題があることで悩みが生まれることがありますが、その逆はありません。資金繰りが厳しく、運営がままならないとき、悩むでしょう。しかし、悩みがあるから資金繰りが苦しくなるわけではありません。悩みがあり、仕事が手につかず、納期が遅れ、仕事がなくなり、資金繰りが苦しくなるというのはあります。その場合の直接的な原因は、「悩みがある」のではなく「納期が遅れて、仕事がなくなった」ということです。

非常に多くの問題や重要案件を抱えているとき、それと同様の大きな悩みが襲ってくるときがあります。そんなときに勘違いをしがちです。問題点は何なのか、それはどのようにして解決できるのかを冷静沈着に考えて、感情に流されない判断を心がけましょう。

悩み≠問題

悩みと問題の関係をしっかり紐解こう。
今の悩みと改善したい問題点の
本質をしっかりと見極める
ことが大切

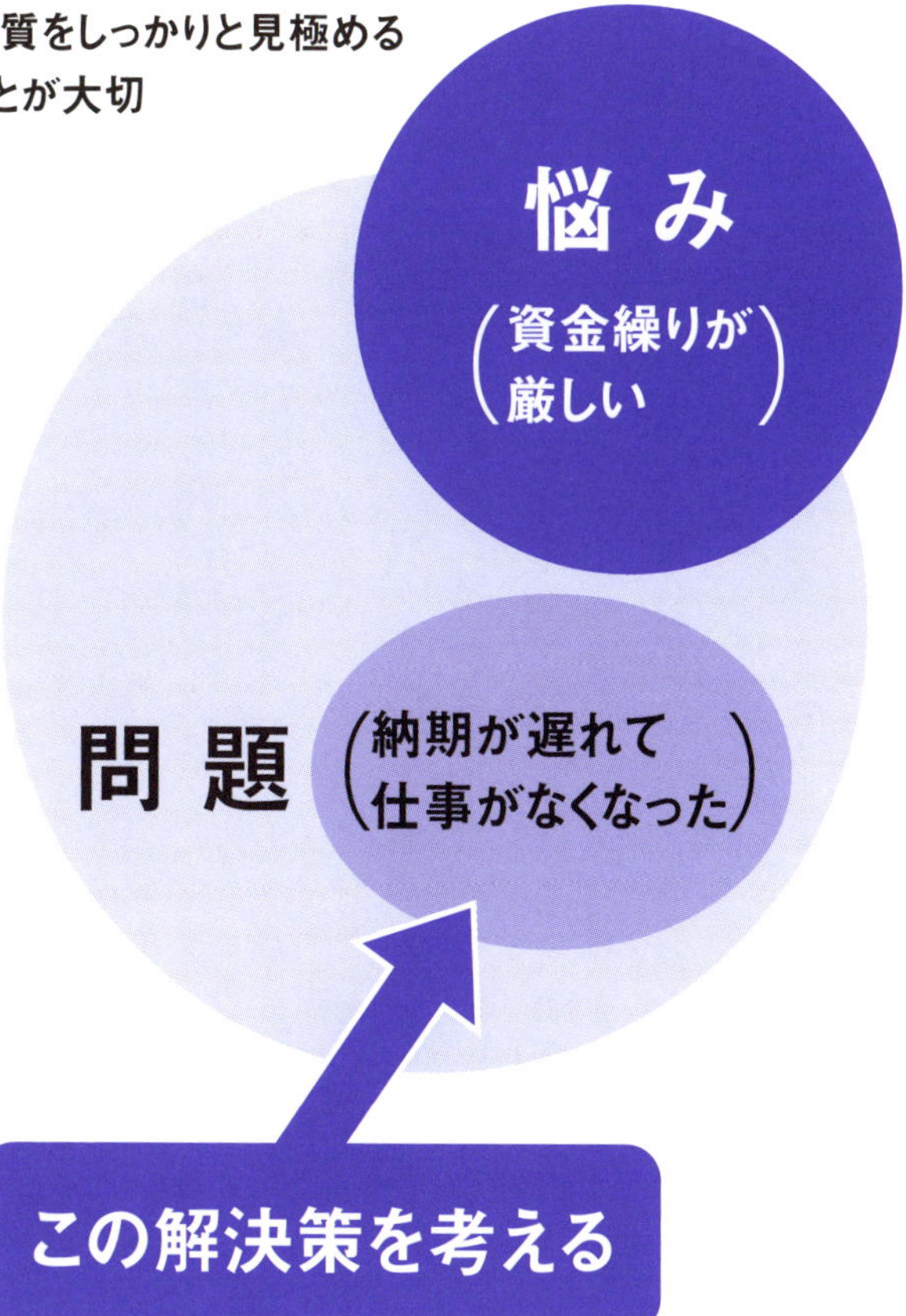

7-02

漠然とした不安が優先順位を狂わせる

優先順位の間違い

▼窮地に追い込まれても判断できる精神力が必要

実行するときに陥りやすいミスが「優先順位の間違い」です。悩みと同様、不安が募ると思考力が低下し、普段では絶対しないミスをすることがあります。例えば、売掛が残ったまま取引先の企業が突然つぶれてしまい、収入のないまま原価や賃金などの支払いをしなければならないときがあったとします。借入先、取引先、賃金という中でどこを優先し、どこが待ってくれるのか相談をしたり、交渉しなければならないのですが、従業員が辞めるのではないか不安にかられ、賃金を払ったことにより、手形取引の入金が間に合わず、倒産というケースになるかもしれません。従業員にきちんと状況を話して、納得してもらえば、優先順位を間違わずに会社は存続できたかもしれません。また、経営危機が訪れ、社内改革をするとき、全体を見渡し、問題を抽出したにもかかわらず、根本的な原因の解決を後回しにして、表層的な問題のみの解決に追われてしまうケースもあります。不安に押しつぶされそうになると、普段は頭脳明晰な人でも判断を間違えることがあるのです。

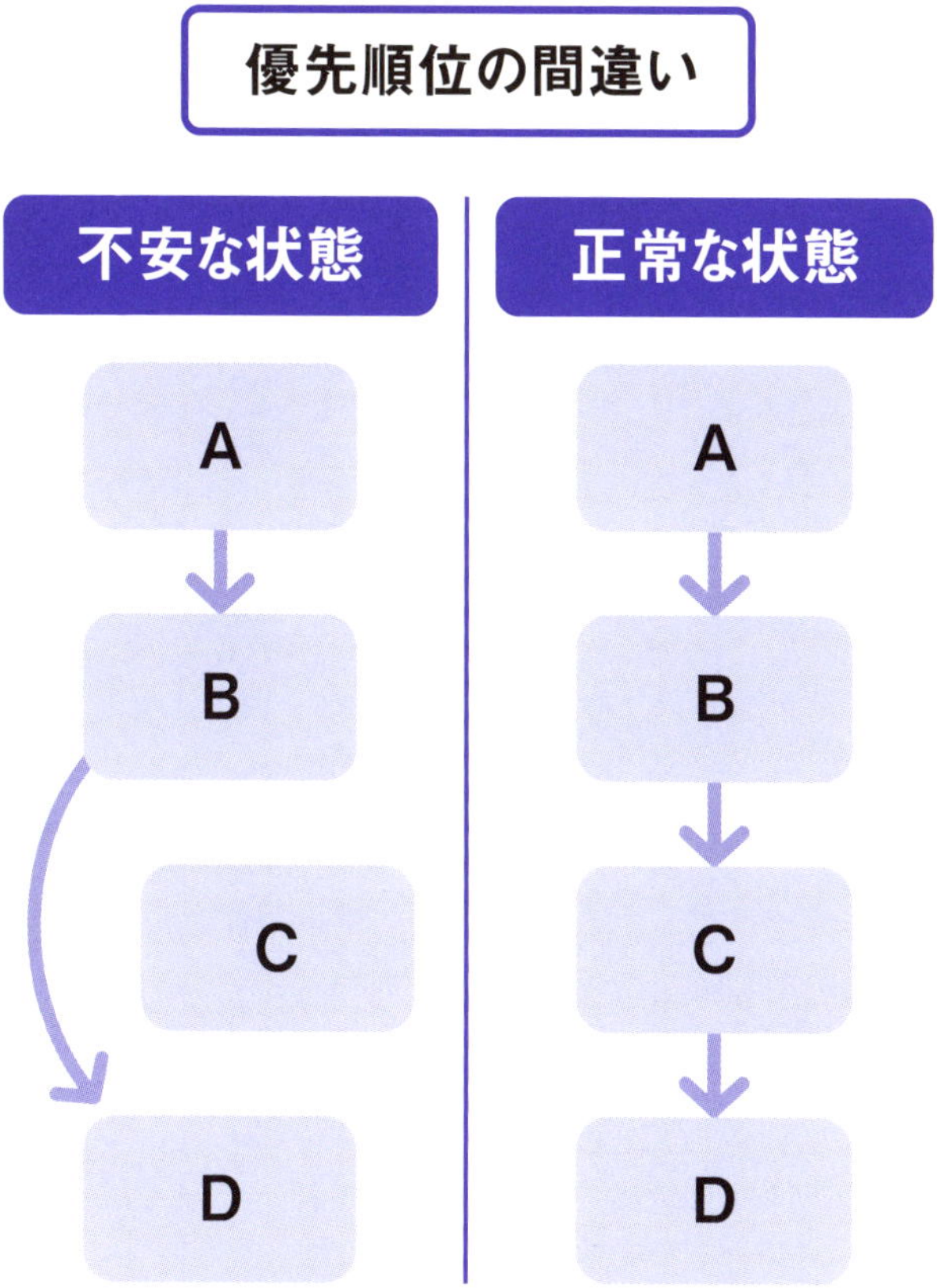

問題解決の順序は、焦りや不安によって狂ってしまう。しっかりと本質を見極めて、落ち着いて実行しよう

7-03

顧客と競合を常に意識しよう

ミクロ視点に注意

▼競合他社の取り組み、顧客の声に直接耳を傾ける

改善を行うときに注意しなければならないのは、ミクロ視点だけにならないことです。広く情報を集め、総合的に分析し問題を見出して対策をとるのですが、分析後に出た「ナレッジ（知識・情報）」に注意しなければなりません。**情報に経験を照らし合わせた一つの知識をもとに考えすぎると、いつの間にかとんでもない考えになってしまう恐れがあります**。常に細かい視点で考えていく人や思い込みが激しい人が、自分の世界の中で模索していると、独りよがりになりがちです。例えば、ＯＬを対象に新しいスイーツを作りたいと思い夏にデータを集めたところ、「旬な果物」「手軽に食べられるもの」などのキーワードが出てきました。ここから「メロンやスイカ」、手軽に食べられるものは「クレープ」などと発想するのはよいのですが、あくまで一つの仮説として捉えることです。その上で、現在流行しているスイーツの動向、競合他社の取り組み、そして顧客の声に直接耳を傾けることで、よりクオリティの高いアイデアへと洗練されていくのです。

「顧客」と「競合」の情報を入手する

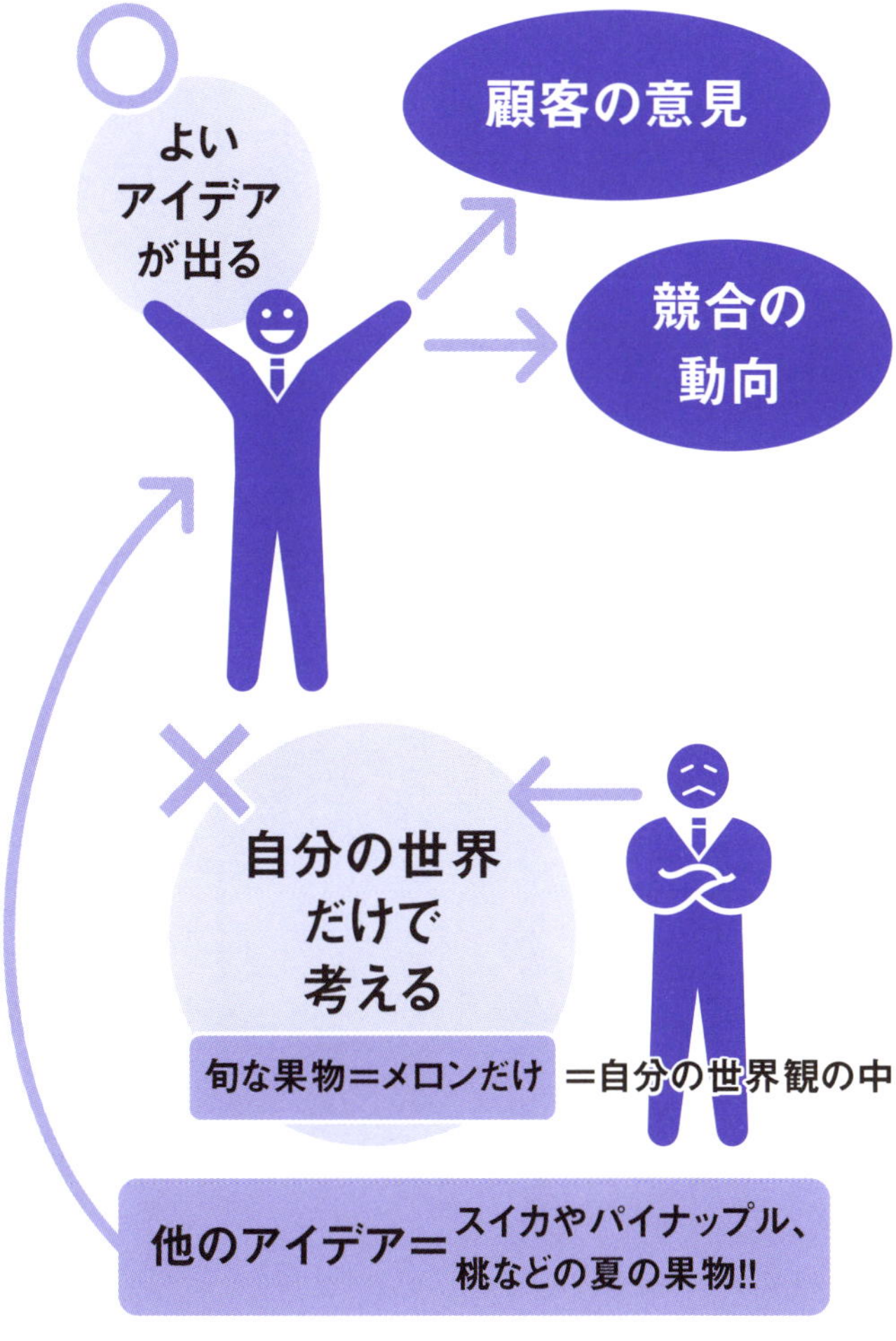

7-04

3つの視点で「あるべき姿」を固定しよう

Will・Can・Must

▼3つのポイントから問題解決策を探り実行する

はじめに「Will」は、将来的視点です。目先や1ヶ月後、3ヶ月後といった短いターンではなく、3年先、5年先、10年先といった期間で目標を打ち立てます。その目標があるからこそ、目の前の問題をどのように解決するのかが見えてくるのです。

例えば、プロ野球の試合で投手が疲れ、ピンチを招いていても監督が動かない場合があります。このとき、選手を代えることはたやすいかもしれませんが、それではピンチに打ち勝つ投手にはなれません。目の前の1勝より、3年先、その投手がエースに育ったときの10勝を考えて判断しているのかもしれません。「Can」は、実際に自分たちの組織で実現可能なのかどうかを判断します。自分の部署だけでなく、会社全体を見渡して、何ができるのかを客観的に判断する力が必要です。「Must」は、社外や外部環境から、何をするべきか、しなければならないのかを考えます。「自分たちがしたいこと」だけではなく、顧客のニーズやその市場の中での自社の役割に鑑みて判断することが求められます。

Will・Can・Mustの考え方

Will 3年、5年、10年先何をするのか!

例）IPOをし、海外進出する

Can 何ができるか!

例）今は5店舗だが5年後に50店舗にする

Must 何をしなければならないのか!

例）今年の売上をどうやってつくるのか?

3つのポイントから
問題解決策を探り、
実行する

7-05

危機感と余裕が問題解決を遂行させる

解決策を実行するときこそ危機感を持つ

▼想定通り実行できているか、常にチェックする姿勢が大切

解決策を実行するときこそ、危機感を持ちましょう。情報を分析し、解決策を導き出した時点で9割の仕事を終えた気になり、しっかり実行できないケースがあるようです。問題解決のプロセスを各タスクに分けて並べてみた場合、**「実行」が最重要項目だといってもよい**でしょう。解決策の実行のための情報収集であり、分析なのです。例えば、お客様が減ってきたチェーン店が顧客離れに歯止めをかける施策を講じたものの、一向に止まりません。失敗と判断し、再度情報収集、分析を繰り返しました。そして実行するも、2度目も失敗。3度目の失敗で原因を追及したところ、いずれも実行段階で徹底されていなかったと判明したのです。そこで再度、体制を整え一番はじめの解決策を実行したところ、お客様が戻ってきました。問題解決のための業務は、普段の仕事とは異なることが多いため、すぐにできるものではありません。だからこそ、想定通り実行できているのか、できていない場合はどこができていないのかを常にチェックする姿勢が大切なのです。

実行に力を入れる

○

解決策が不完全であっても、きちんと実行することで、改善点がわかる。トライアル・アンド・エラーで頑張ろう

情報収集 → 分析 → 仮説 → **実行**

×

情報収集 → **分析** → **仮説** → 実行

問題は解決策を実行しなければ、改善はされない。当たり前のことだが、解決策の模索で全力を使ってしまうと失敗する

問題解決では、実行が最重要項目!!

7-06

解決対策にとらわれすぎない

トライアル・アンド・エラー

▼通常業務が滞ってしまう解決手段なら再検討が必要

問題解決にかまけて、普段の仕事をおろそかにしないのは当然のことですが、意外によく陥る罠です。なぜならば問題解決の対策を実行していれば、必ず良くなると思っているからです。問題解決策は、トライアル・アンド・エラーで行うケースがほとんどなので、必ずしもそれで改善されるとは限りません。何度も何度も繰り返し、システムの改善をしなければならないこともあります。社内の問題解決をするために、非常に複雑なシステムを導入した会社がありました。そのシステムを完成させるためにトライアル・アンド・エラーを繰り返し、その度に社員の仕事は増え、通常業務がままならない状況になったという話を聞いたことがあります。まさによかれと思ってやったことが、社内を混乱させることになったのです。もちろん社内改革をするときは、手間が増えることはあるでしょう。それによって通常業務の効率化が進むのであればベターなのですが、**通常業務が手につかずに滞ってしまうような問題解決手段だとするならば再検討した方がよい**でしょう。

通常業務と問題対策

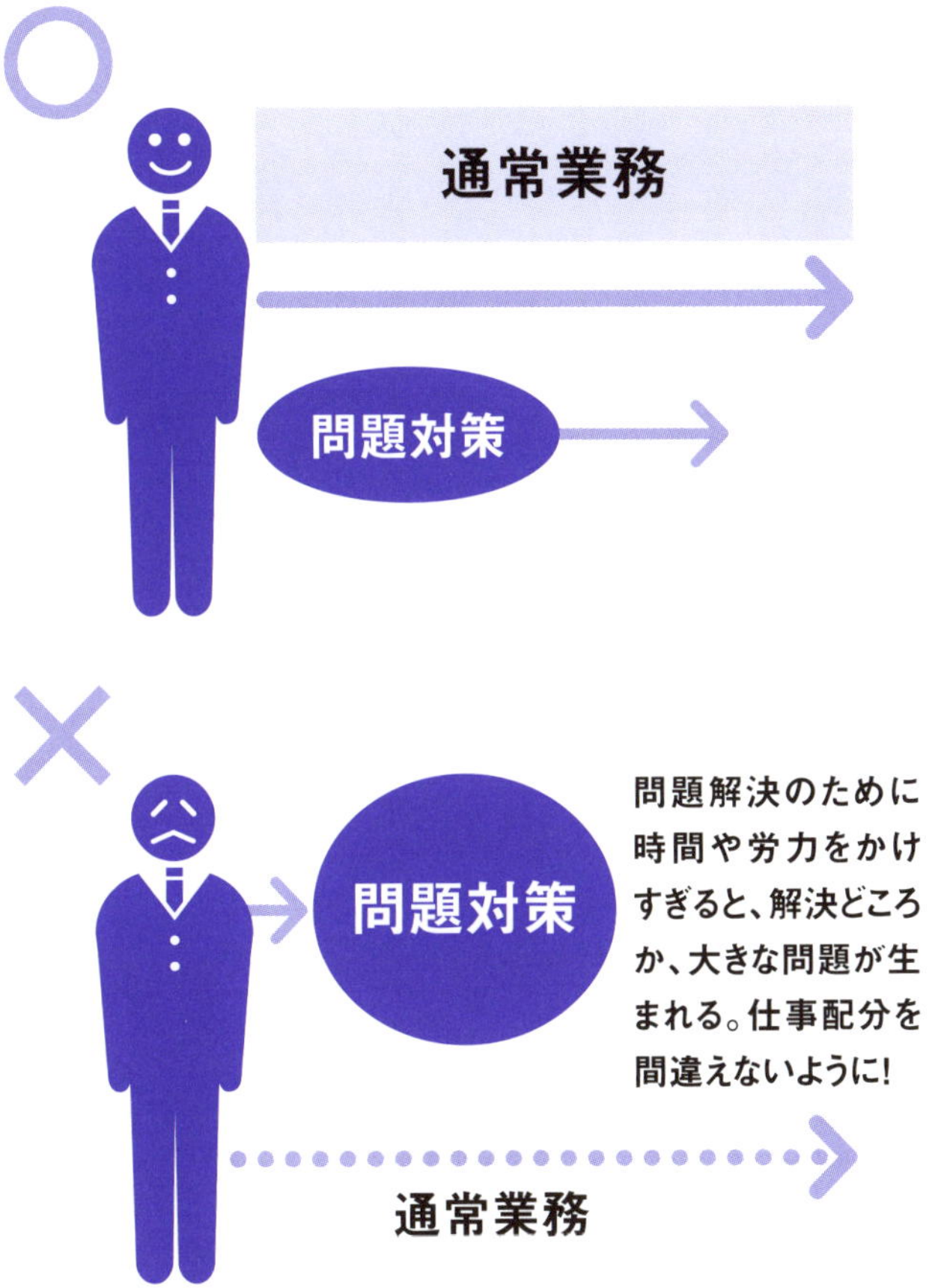

○
通常業務
問題対策
×
問題対策
問題解決のために時間や労力をかけすぎると、解決どころか、大きな問題が生まれる。仕事配分を間違えないように!
通常業務

7-07

KGI、KPIを定めて指標化しよう

KGIとKPI

2つの関係を意識しながら、自社の目標を立てる

「KGI」とは、重要目標達成指数（Key Goal Indicator）といいます。決めた目標が達成されたかどうかを判断するための数値です。「今の会社を日本でトップクラスの企業にする」という目標では、KGIは設定できません。具体的な数字を出し、「会社の年商を20年で1000億円にする」といった場合、期間は20年間、目標の売上は1000億円という数字がKGIになります。実現可能かどうかは、細かい目標設定をしながらの計画の作り込みによりますが、KGIは設定されたことになります。もっと近い目標設定で考えると「今のお店を5年後までに10店舗にする」といった場合、「いつまでに2店舗目を出すのか」「その場合、どのような人材を入れるのか」など細かく分類することが可能になります。この細かい部分をKPI（Key Perfomance Indicator）といいます。つまりKPIとは、KGIで設定した目標を達成するためにクリアしていく通過点です。**KPIの数値を達成することで、その先にあるKGIを達成することができる**ということですね。

KGIとKPI

KGI（Key Goal Indicator）

決めた目標が達成されたかどうかを判断するための数値

○ 具体的な数字で設定

「会社の年商を20年で1000億円にする」

× 抽象的な表現

「今の会社を日本でトップクラスの企業にする」

KPI（Key Performance Indicator）

KGIで設定した目標を達成するためにクリアしていくプロセス

「今のお店を5年後までに10店舗にする」

→「いつまでに2店舗目を出すのか」

→「そのために、どのような人材を入れるのか」

KGI＞KPI

KPIの数値を達成することでKGIを達成できる。
この2つの関係を意識しながら、自社の目標を立てると
一貫性のあるビジネスビジョンが見えてくる

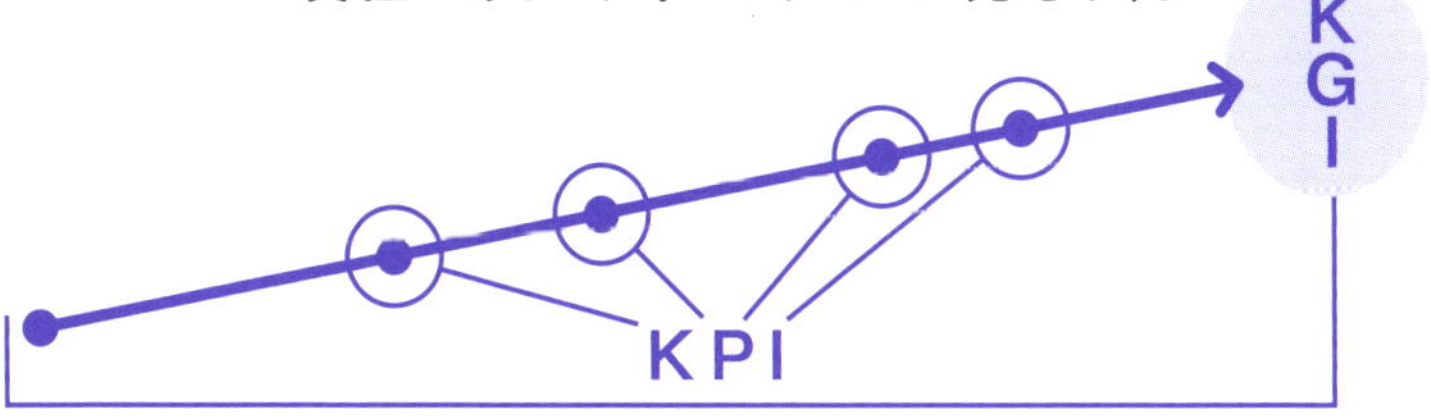

7-08

情報共有システムを構築しよう

情報の共有は昔から重要視されている

▼情報共有システムの構築がより高いレベルの仕事を生む

近年では、無料のクラウドシステムやSNSなどを利用して簡単に情報共有ができるようになってきました。もちろん社内機密に関しては、会社独自のシステムを開発し、そこで情報の共有をしている会社もあるでしょう。情報管理の度合いは別として、情報の共有は昔から重要視されています。情報としては、「なぜこのような問題が起きたのか？」「その答えは？」「誰が、どのように関わり、対応したのか？」「その対応策の評価」「今後どのようにしたら、その問題が起きないのか？」「問題対応について良い点と悪い点」などの項目を上げ、記入したシートを問題発生項目に分けて保存するとよいでしょう。項目などは業種や組織の指針によって変わってくると思いますが、システムを構築するという点では何ら違いはありません。さらにこのプロセスを共有することで社員を育成することができます。この**共有システムが構築されていれば、本来失敗するようなことでも、失敗することもなく、より高いレベルの仕事をすることができる**のです。

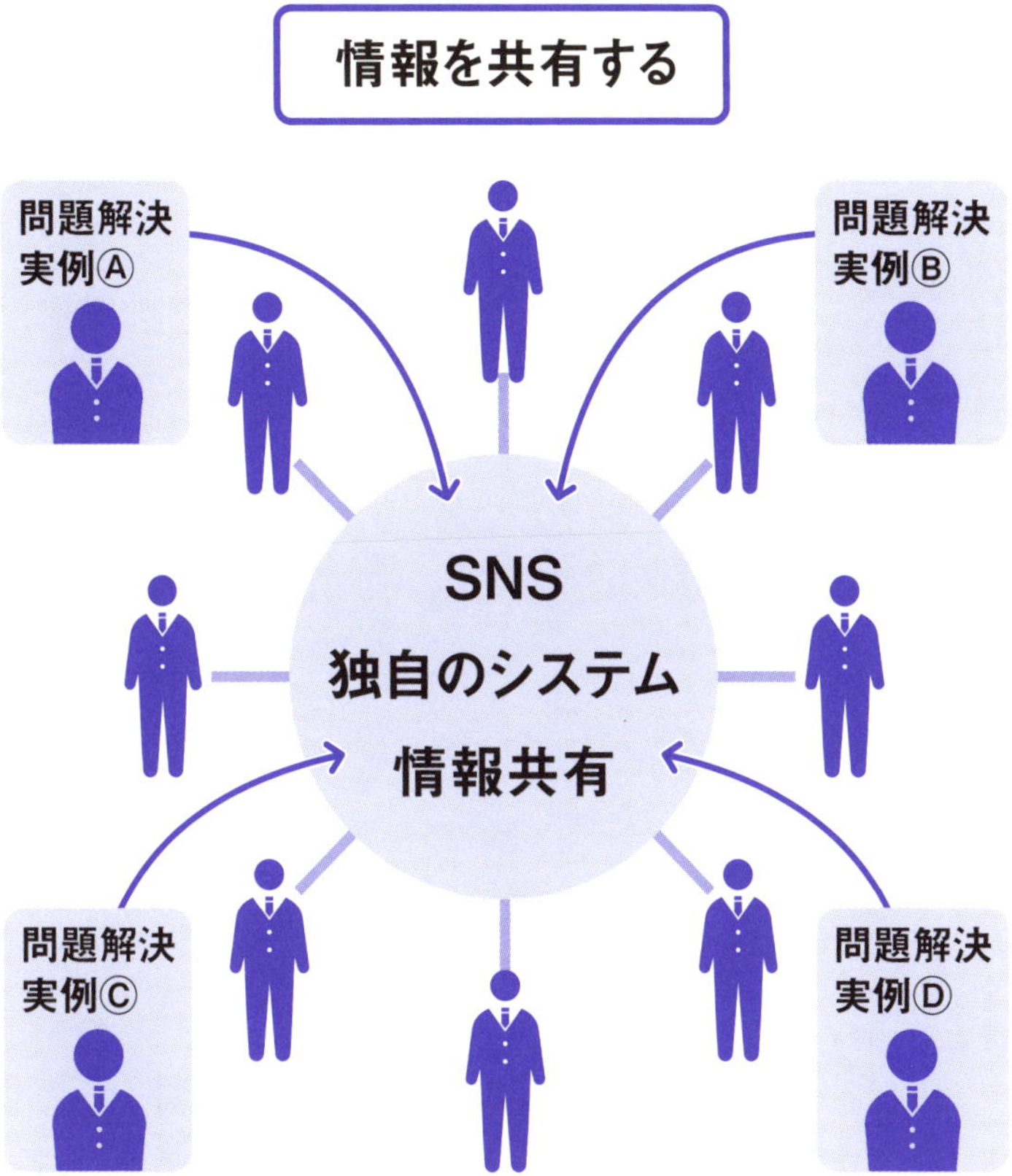

「社員なら誰でもアクセスできるシステム」

日々新しい情報共有システムやSNSが登場している。これらのツールをうまく使い、コストを抑えながら情報共有しよう

※PCウイルスやデータ管理には十分気をつけよう

7-09 達成度を数値で把握しよう

対象・意図・実施事項

▼何を強化すべきかを数値から判断する

業務を進めていく上では、必ず目的があり、その**目的は「対象」「意図」「実施事項」の3つで定義することができます**。課長がグループ内の営業目標を達成させるという目標を立てたとき、「対象」はグループ内の部下で、「意図」は社員それぞれが顧客から売上を上げられる状態にすること。「実施事項」は新規顧客を開拓し、セールストークをすること。これらの3つを管理することで、発生してくる問題を解決し、目標を達成させます。さらにより具体化させるために、何を強化しなければならないのかを数値から判断します。

例えば、社員のAさんは、20人の新規見込み客を開拓し、そのうち2人が契約になりました。それに比べB君は、50人の新規見込み客のうち1人しか契約できませんでした。これで見るとAさんの方が新規見込み客は少ないですが、効率がよい。B君はその逆です。感覚だけで問題解決をしていくのではなく、具体的な数字をチェックしながら日常管理を進めていかなければ、良い成果は上がらないということです。

3つで目標数値を出す

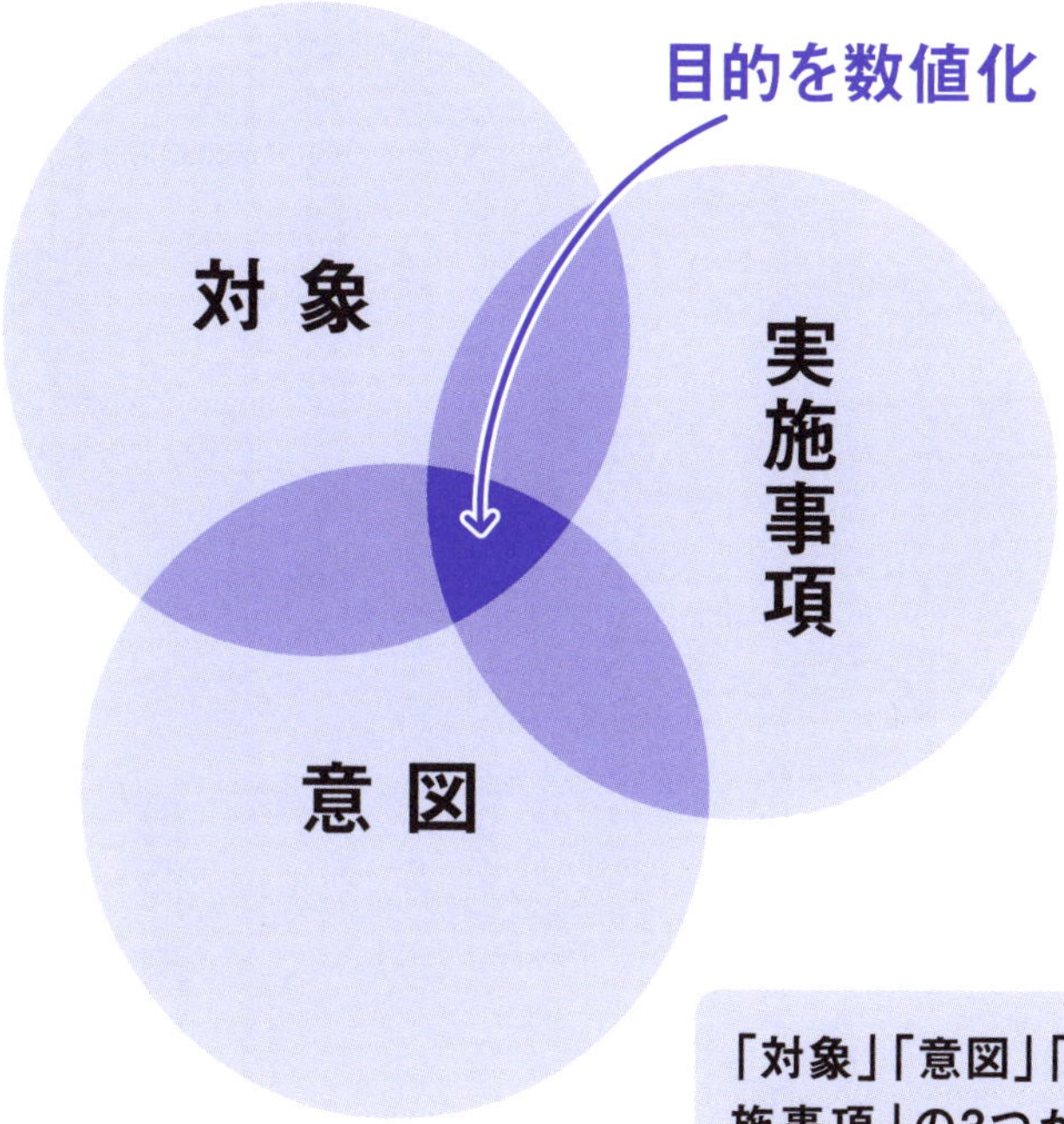

「対象」「意図」「実施事項」の3つから目標を数値化する。その目標に向かった戦略や目標達成の対策をつくろう

数値化の例

・新規見込み客50人
・テレアポ1カ月200人
のように数値化する

7-10 問題解決のための目標設定4要素

指標・現状値・目標値・達成期限

▼4つの視点から目標を設定する

問題点を明確にし、**目標設定をするときに欠かせないのが、「指標」「現状値」「目標値」「達成期限」の4つ**です。「指標」とは、評価する数値です。この数値を上げることで最終の目標を達成できるという繋がりが必要です。自らの努力で数値を上げられるような指標を見つけることが重要です。「現状値」は、現在の状況です。現在の状況がかわからなければ、進む方向も距離もわかりません。ですからより正確な判断で現状値を出しましょう。「目標値」は、目標を数値化したものです。現状値を把握し、その目標設定が夢物語であれば、その時点で問題解決は不可能だといえるでしょう。チャレンジングでありながら、現場のコミットメントも得られるような目標を設定しましょう。「達成期限」は適当な日数を決めても絵に描いた餅です。一方で大きな目標を達成させるために、期日を長くとっては、トライアル・アンド・エラーを実行できません。遂行する業務の大きさを考え、ときには小さくして、なるべく短い期間で実現できるような期限を決めましょう。

4つの視点から目標を設定する

目標設定

指標

評価する数値。この数値を上げることで最終の目標を達成できるというつながりが必要。できる限り、自らの努力で数値を上げられるような行動系の指標を見つけることが必要

現状値

現在の状況。これがわからなければ、進む方向も距離もわからない。現状値は、より正確な判断で出そう

目標値

目標値は、目標を数値化したもの。一見簡単なように思えるが、夢や希望だけでは設定できない。現状値を把握し、その目標設定が夢物語であれば、その時点で問題解決は不可能だといえる

達成期限

遂行する業務の大きさを考え、ときには小さくして、なるべく短い期間で実現できるような期限を決めよう

コラム

リーダーは2人いてはいけない

問題解決に限ったことではないのですが、１つのプロジェクトに２人のリーダーがいては、解決できる問題もできなくなってしまいます。特に仮説の実行に関していえば、意思統一ができないかもしれません。仮説というものは、これまでも話したように、あくまで正しいのかどうか、その時点ではわかりません。とりあえず、「正しいだろう」という予測の中、決断し実行するのです。例えば実行するための仮説を決定するとき、２人のリーダーの意見が割れたとします。しかしこの時点では、どちらの仮説が正しいのか、わかりません。そこで押し問答になってしまえば、トライアル・アンド・エラーさえできない状態に陥ります。１人より２人つけた方がスムーズに解決できるのではないかと考えるなら、それは大間違いです。能力を考えた場合、１人＋１人＝２人分という単純な計算式にはなりません。やはり決断するリーダーは１人。それでも優秀な人材を参加させたいのであれば、リーダー補佐や代行など役割を明確にすることが大切です。１つのプロジェクトには、１人の決定権を持ったリーダーを任命しましょう。

第8章

問題解決方法を定着させる

8-01

方針管理と日常管理で問題解決

方針管理・日常管理

▼問題を解決したら情報を社内で共有できる管理システムを作る

仕事を続ける限り、問題は次から次へと生まれてくるでしょう。新たな問題に対しては、再度、情報収集・分析して対応しなければなりませんが、**これまで対処した問題と同じようなことが起こったときには、これまでの経験を生かして俊敏に解決できるようにしたいもの**です。まず一つの問題を解決したら、その情報を社内で共有できる管理システムを作りましょう。その際に必要となるのが、「方針管理」と「日常管理」です。「方針管理」とは、会社の指針を軸とした成長を促す方法です。経営者や部課長など様々な役職の人たちが同じ方向を見て、目標を完遂するために問題点を改善し、ときには大改革を行うこともあるでしょう。「日常管理」は、日々起こる小さな問題が起きないように日常業務の中で基準を作り、遵守していくものです。まずは部署内でこれまで起こった小さな問題について改善し、それを維持していくルールを作ります。この小さな日常管理を積み重ねて問題の起きない組織を作り、方針管理を充実させることで大きな飛躍を狙います。

方針管理と日常管理

2つの管理は、円滑な経営に欠かせない!!

会社の理想へ

方針管理

会社全体の目標を明確化して目標を達成するための取り組み。短期ではなく、中長期の計画を立てよう

経営陣

問題回避

日常管理

方針管理のようなスケールはないが、日々の業務の遂行や大きな目標達成のためには欠かせない取り組み

社員

8-02

業務の日常管理シートで予防

チェックシート・業務日報

▼必要な項目を洗い出し、チェックする

具体的にどのようにして、問題を未然に防ぐのでしょうか。それは、**日々の業務を円滑に進めるために必要な項目を洗い出し、チェックする**ことにほかなりません。例えば、チェーン店のカフェのトイレの隅にかけられている、点検シート。これはトイレを清潔に保つために、ある一定時間内にトイレを確認したかどうか、また掃除をしたかどうかをチェックするシートです。鍵のかけ忘れを防止したり、戸締まりを確認するためのシートや在庫切れを防ぐために備品を持ち出した数を記入するシートなど、独自のルールを設定しているところもあるでしょう。さらにいえば、日報もその役目を果たしています。毎日決められたチェック項目を記入する欄があれば、それは点検シートの役目を果たしていますが、それ以外に日々、どんな業務をしたのかを記入するものであれば、そこで問題点を吸い上げ、大きな問題になる前に対処することができます。また、経営者は、従業員、社員がしっかりと業務をしているのかどうかをチェックするために使用することもできます。

チェックシート・業務日報

問題防止対策

業務日報

Check Sheet

業務日報

各会社によって、フォーマットは異なるが、社員の業務の見える化に必要な項目を盛り込もう

チェックシート

トイレの清掃や、退出時の戸締りなど、日常業務のためのチェックシート。TO DOリストのようなもの

大きな問題にならないように小さなチェックを日々行う

8-03

5つのプロセスで標準化と管理を行おう

誰もができるシステムにする

標準化と管理の定着

標準化とは、「いつ、どんな人が行ってもできる」システムを作るということです。情報の共有は、重要ですが、同じ情報をデータとして共有しただけでは実行するときに、できる人、できない人が出てくるかもしれません。誰もができるシステムにするために、例えばトヨタ自動車では、「1、仮の作業方法を「標準」として公にする。2、管理の方法などを決めて、標準書などを制定する。3、新しい（正しい）管理手法を周知徹底する。4、作業の正しいやり方を訓練する。5、維持されているかを三現主義で確認する」という方法を採っているそうです。三現主義とは、「現場・現物・現実」のことで、主観的な予測や過去の経験ではなく、実際の数字や現場の現状から問題を見るということです。**その視点を生かしながら、5つのプロセスを繰り返し、細かい問題を解決していきます**。この手法は工場で作る製品の品質向上や管理から生まれた発想のようで、均一な商品を大量に製造しなければならない製造業の問題解決手法として取り入れることができます。

標準化と管理の定着

1 仮の作業方法を「標準」として公にする

↓

2 管理の方法などを決めて、
標準書などを制定する

↓

3 新しい（正しい）管理手法を周知徹底する

↓

4 作業の正しいやり方を訓練する

↓

5 維持されているかを三現主義で確認する

三現主義

「現場」、「現物」、「現実」のことで、
主観的な予測や過去の経験ではなく、
実際の数字や現場の現状から問題を見るということ

現場　現物　現実

8-04

タスクを「見える化」で進行管理しよう

タスク別進行表

▼「見える化」は項目と、項目の終了日を記入する

実行計画のタスクを「見える化」することは、情報の共有だけではなく、自分自身で確認する上でも重要です。左図のように、項目と、その項目の終了日を記入します。こうすれば、いつまでに何をしなければならないのかが一目瞭然です。特に進行上、重なる案件が複数ある場合、それぞれがぶつからないようにスケジューリングしやすいという特性もあります。複数の案件を抱えた場合、それぞれのタスクに案件項目名を書き、1本のラインの中で複数のカラーを使い作業の工程を表すこともできるので、全ての案件がどのように進行していくのかが一目でわかります。また一つの案件に1枚のシートを使い、タスクには作業名を入れた場合は、他の案件とのスケジュール比較には向きませんが、詳細なスケジュールがわかります。追加対策などが生まれた場合に書き込むこともできます。使用方法としては、1ページに1ヶ月のスケジュールが書き込めるマンスリータイプと見開き2ページで1週間の予定を書き込むウィークリータイプのように使い分けましょう。

タスク別進行表

案件の詳細なスケジュール

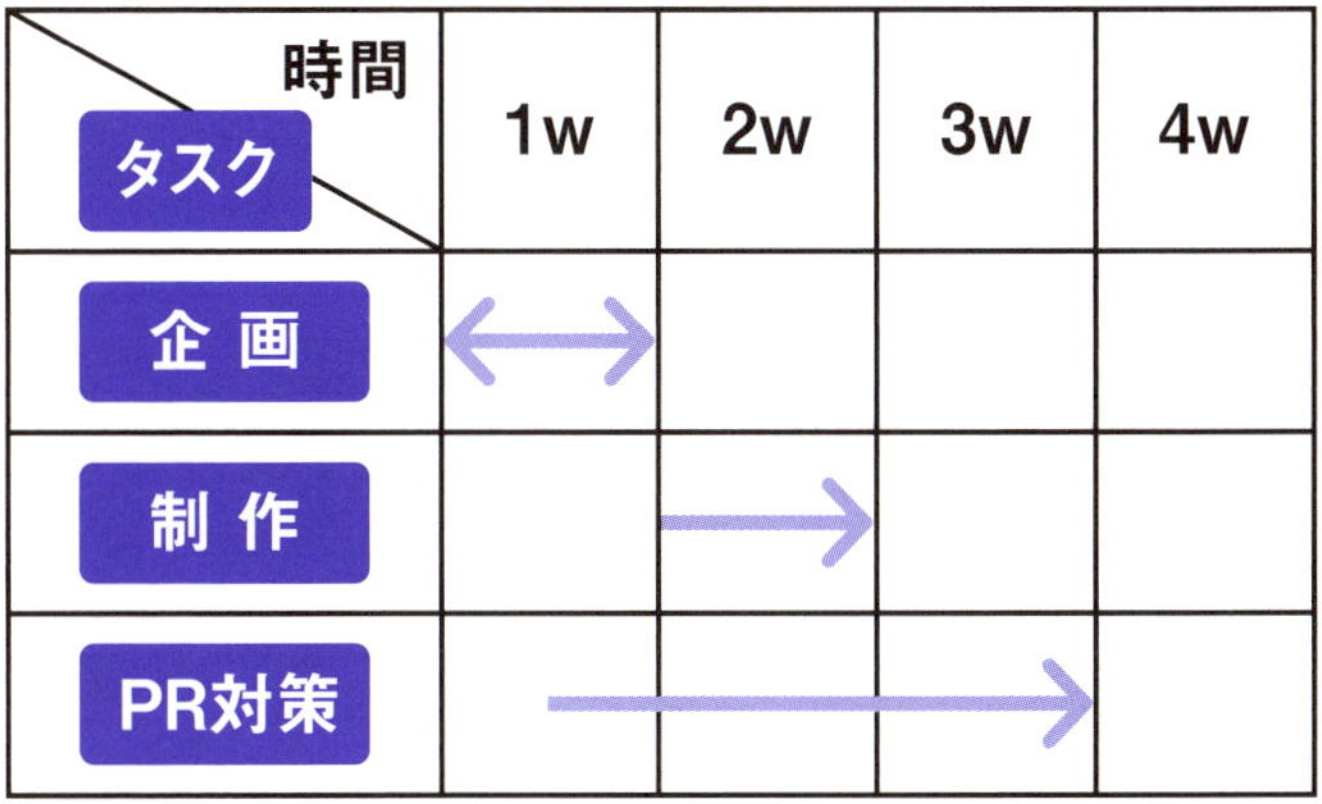
時間
タスク
1w
2w
3w
4w
企 画
制 作
PR対策

全体のスケジュール

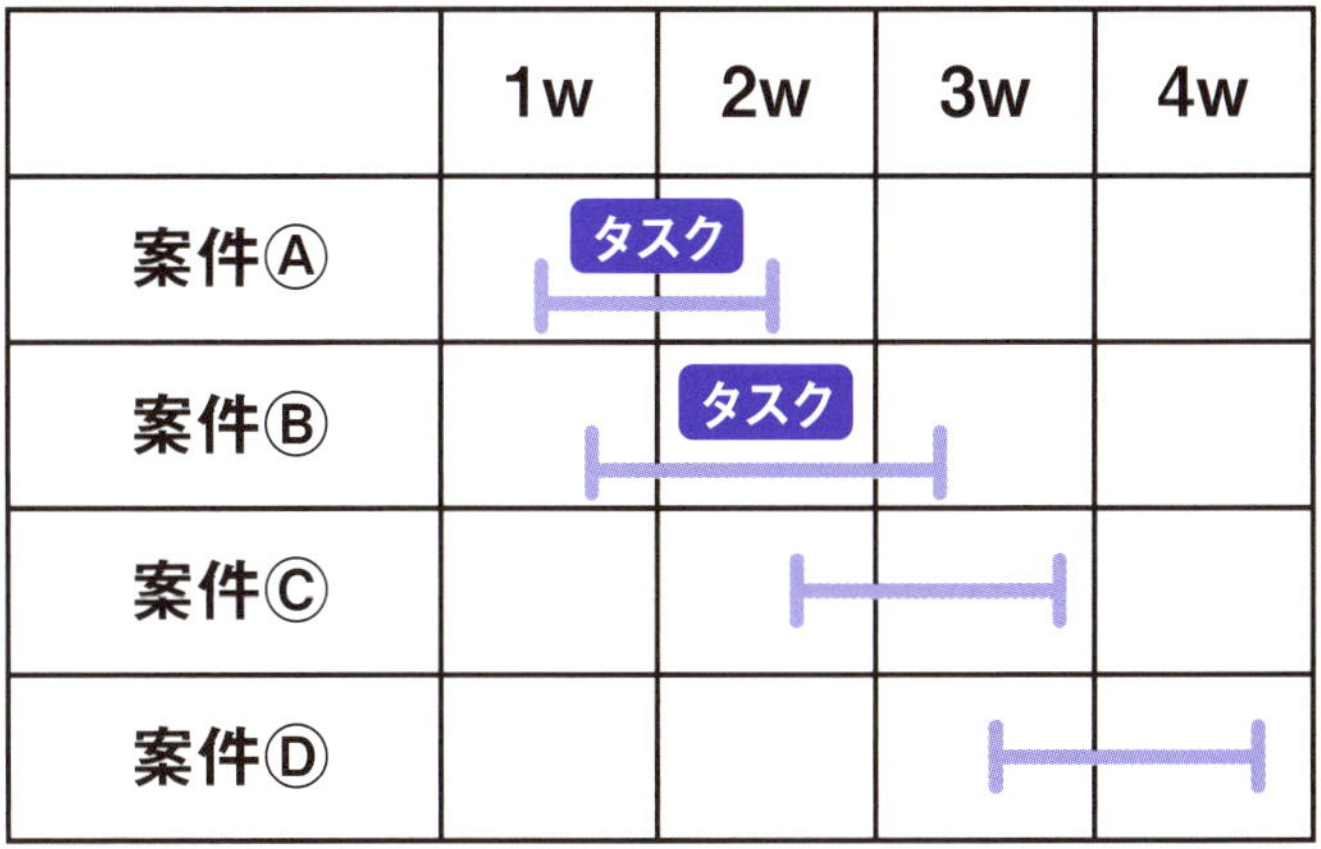
1w
2w
3w
4w
案件Ⓐ
タスク
案件Ⓑ
タスク
案件Ⓒ
案件Ⓓ

8-05

マイルストーンを設定しチェック機能を生かそう

細かくマイルストーンを設定する

▼進行の遅れや問題の解決を早期に図るために非常に有効

タスクを「見える化」したのはいいのですが、工程の遅延などが一向に減らないという場合、「マイルストーン」を設定してみましょう。「マイルストーン」とは、それぞれのタスクの進捗状況を定期的、あるいは不定期に確認する手法を指します。**マイルストーンには、「1週間や10日間など定期的な期間を定め、その都度確認する方法」と、「それぞれのタスクの終了時や業務の区切りがつくときに確認する方法」の2つがあります。**タスクの多いときは、一つの遅れが大きな遅れになりやすいので、特に細かくマイルストーンを設定した方がよいでしょう。より効果的な使用方法は2つのマイルストーンを併用することです。スケジューリングに慣れていない部下がいれば、定期的なチェックでミスを防ぎ、慣れた実力のある部下であれば、ある程度の裁量を与え、細かいスケジューリングは任せます。タスクが終了したときに、総括しながら情報交換し、次へ向かうといった方法をとります。この手法は進行の遅れや、問題の解決を早期に図るために非常に有効です。

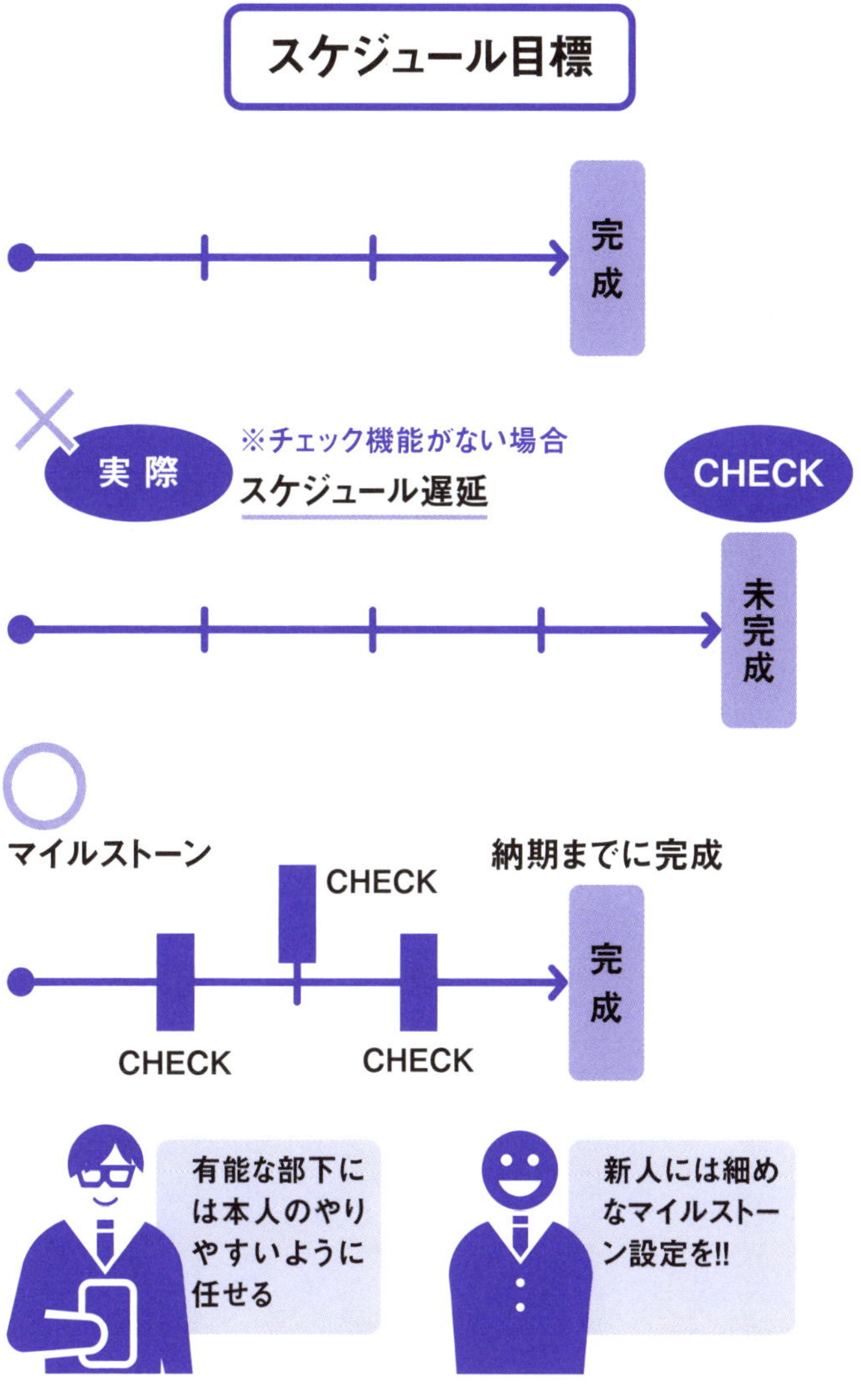
スケジュール目標
完成
実際
※チェック機能がない場合
スケジュール遅延
CHECK
未完成
マイルストーン
納期までに完成
CHECK
CHECK
CHECK
完成
有能な部下には本人のやりやすいように任せる
新人には細めなマイルストーン設定を!!

8-06

効果の確認は期限厳守で！

検証と期限

問題が解決したら、どの対策がどのような効果があったのかを検証

問題解決策を実行したら、その結果がどうだったのかを確認します。このとき注意する点は、効果が現れていたのに、目標に届かなかったケースです。計画していた目標が明らかに無茶な数字だった場合、効果は現れていたと判断できますが、そうでない場合は、成功ではないが、失敗ではない。改善できたことは成果として認めないといけませんが、手放しで喜んでもいられないのです。この効果を加味しながら、再度情報収集し、問題解決策を練り直しましょう。また逆のパターンもあります。目標とする数字は達成したが問題は解決できていない、というケースです。これも再度情報収集し、問題解決策を立てなければいけません。意外に順調に行っているからと、大まかな数字の確認だけでそのまま放置していると、真因を見逃し、いつかまた大きな問題へとつながってくる可能性があります。また、非常に順調な場合も確認が必要です。問題が解決したら、どの対策が効果的だったのかを検証しなければ、問題解決のデータにはなりません。

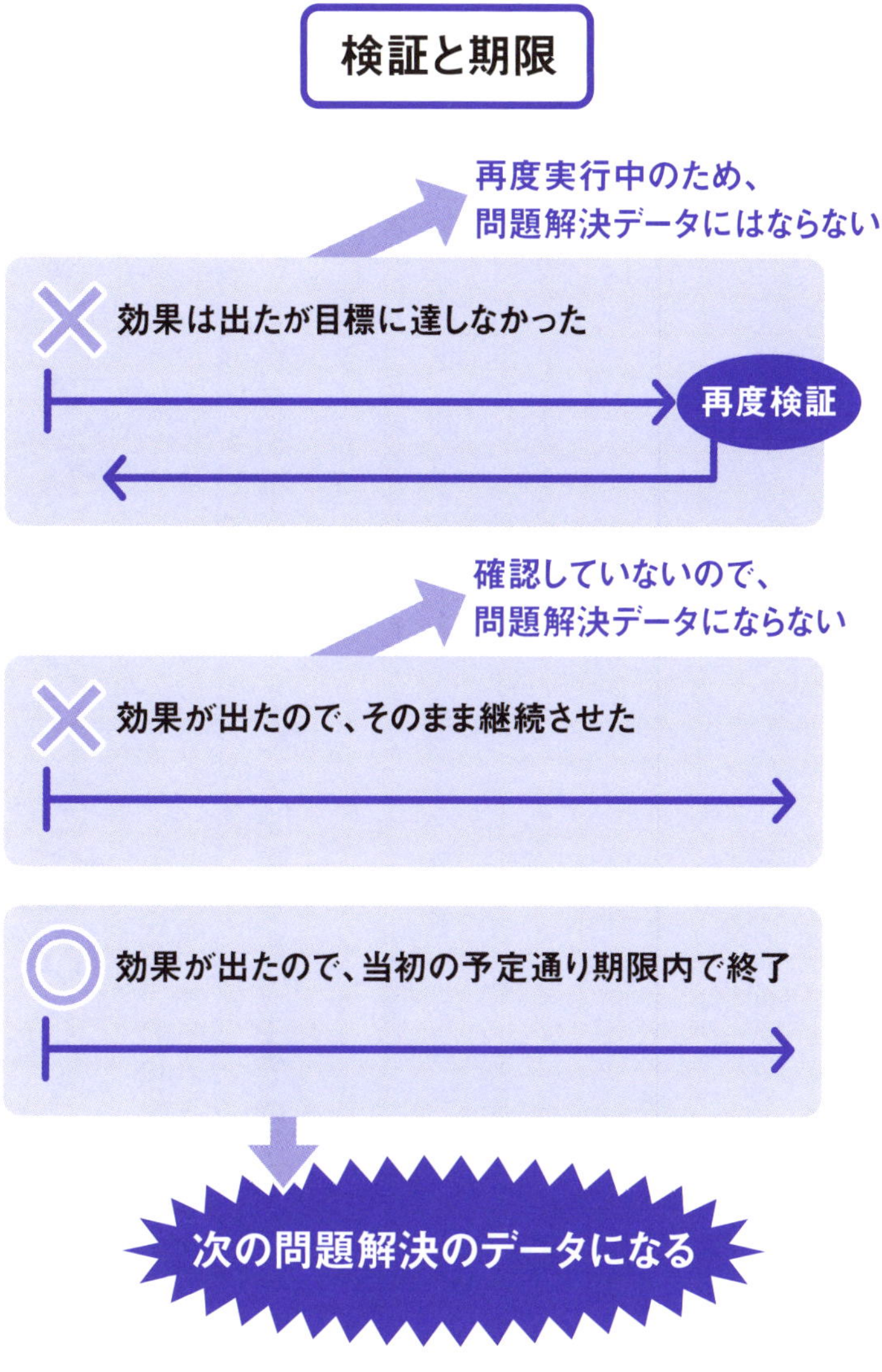
検証と期限
再度実行中のため、
問題解決データにはならない
効果は出たが目標に達しなかった
再度検証
確認していないので、
問題解決データにならない
効果が出たので、そのまま継続させた
効果が出たので、当初の予定通り期限内で終了
次の問題解決のデータになる

8-07

ナレッジマネジメントを極めよう

ナレッジの収集と活用法

▼情報を知識にして共有することで、どんな問題でも解決できる

情報とはデータを集めたままの状態のものや事実に基づいた数字を表したものですが、知識は、その情報に自分の経験を交えて分析し、役立つものへと変換したものです。この**知識をデータ化、文章化し共有することで管理を行う方法をナレッジマネジメントといいます**。この経営手法を組織内に浸透させることで、自分自身が実際に体験していない問題の解決方法でも簡単に手にすることができます。その結果、これまで以上に各人の能力を引き出したり、生産性を上げることができます。多くの企業情報が蓄積され、その情報を知識にして共有することで、どんな会社のどんなシチュエーションの問題でも解決することが可能となるのです。まさにビッグデータを活用する時代の問題解決方法と言えるでしょう。しかし、ここで注意しなければならない点は、極端に偏向的な見方や分析自体がおろそかになっている知識では、問題解決の際、混乱を招く可能性があるということです。自身で分析する際も偏向的な情報の捉え方は避け、一般共有できる知識にしましょう。

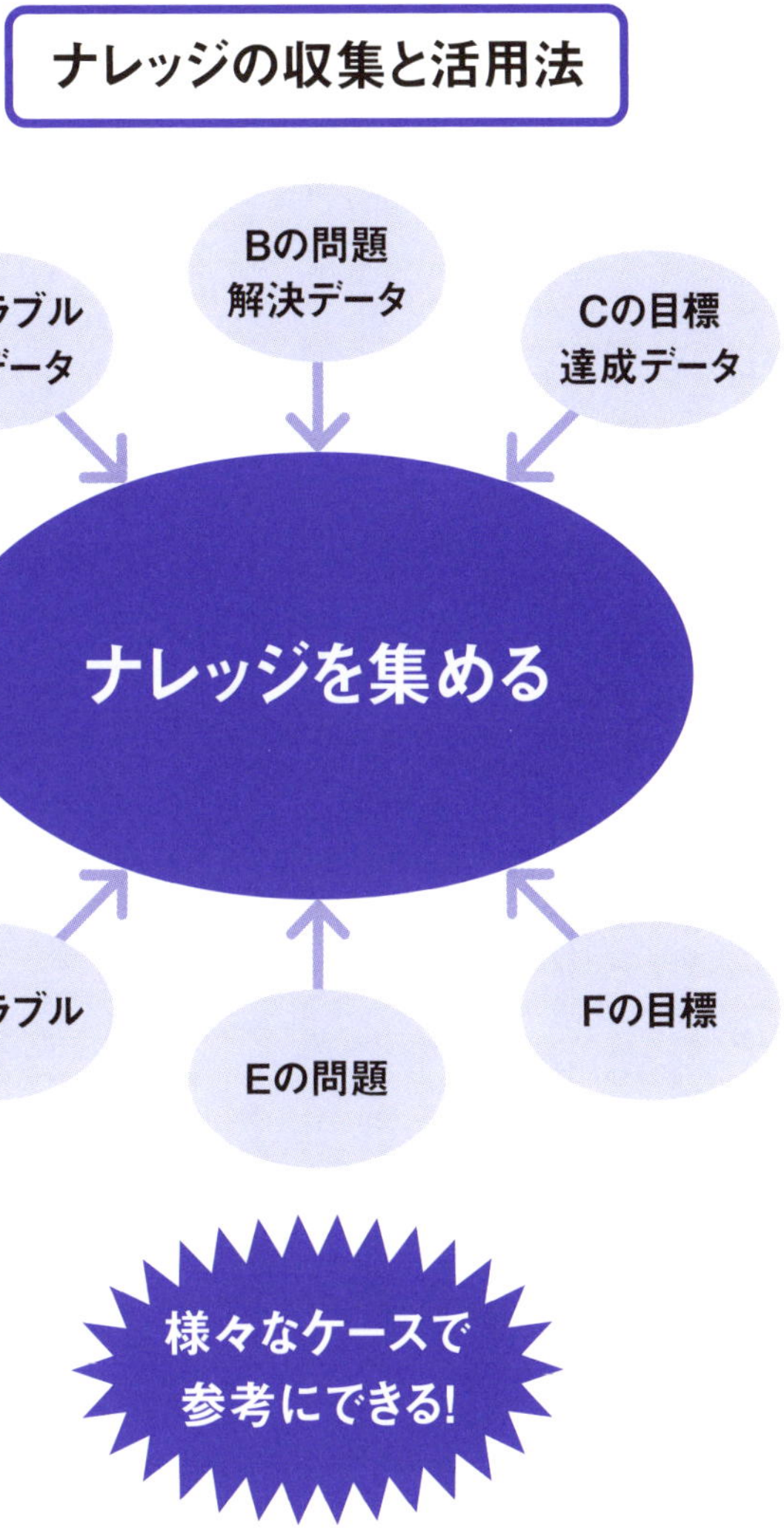
ナレッジの収集と活用法
Bの問題
解決データ
Aのトラブル
解消データ
Cの目標
達成データ
ナレッジを集める
Dのトラブル
Eの問題
Fの目標
様々なケースで
参考にできる!

8-08

PDCAは問題解決に最適

PDCAは組織に変化をもたらすマネジメント手法

▼問題解決のような場面でこそPDCAは効果を発揮する

生産管理や品質管理を行う上で代表的な手法がPDCAサイクルです。Plan（計画）→Do（実行）→Check（評価）→Act（改善）の4つのタスクを繰り返し、できる限り問題が起きないように、仮に問題が発生した場合は迅速に対処・改善する管理メソッドです。

PDCAは問題解決のような場面でこそ効果を発揮し、本質的には組織に変化をもたらすためのマネジメント手法です。問題を解決することで何を達成したいのかという目標を明らかにした上で、それをどう達成するのかという計画の作り込みを実施します。何よりも大切なのは目標であり、目標がチャレンジングかつ鮮明（達成時の状態を思い浮かべることができる）であれば、自ずと計画は作り込まれるものだと考えてもよいかもしれません。考え抜いた上で作り込まれた計画は、実行段階での実行品質も上がります。仮になかなかうまく実行されないと評価が下されたとしても、実行するために何を改善すべきなのかというPDCAサイクルが自然に回る状態を作りましょう。

問題解決とPDCA

PDCA

生産管理や品質管理を行う上で代表的な手法で、
組織に変化をもたらすためのマネジメント手法

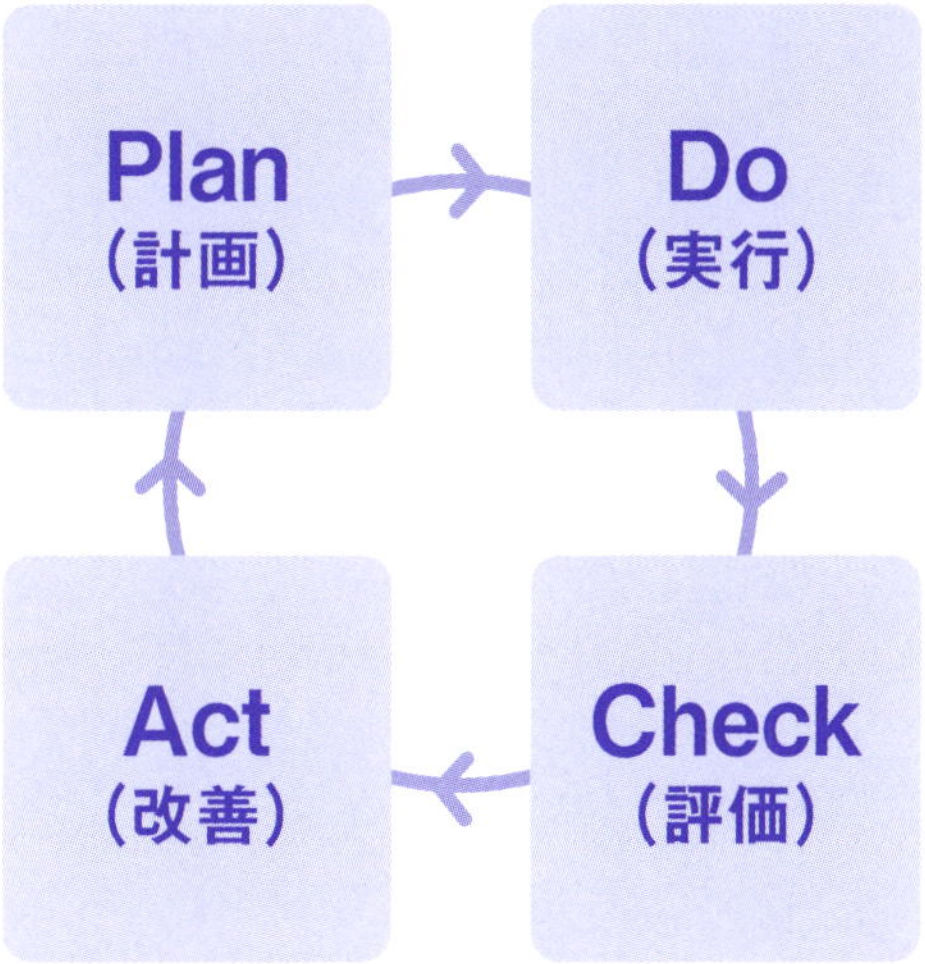

PDCAは問題解決のような場面でこそ効果を発揮!

- 何よりも大切なのは「目標」
- 目標が明確であれば、自然に「計画」は作り込まれる
- 練り込まれた計画は、「実行」の品質も上がる
- うまく実行されないという「評価」が下されたとしても、何を「改善」すべきなのかというPDCAサイクルが自然に回るようにしよう

8-09

協働誘発力、問題解決力、組織管理力

リーダーシップ・コミュニケーション・モチベーション

▼3つのサイクルを続けていくことで会社組織は成長していく

当然のことですが、様々なプロジェクトは一人ではできません。問題解決も同じく遂行しようと思えば、多くの人の協力が必要となります。上司や同僚、部下など社内の人間の協力は必要不可欠です。顧客や取引先や株主などの外部関係者の協力が必要となる場面も出てくるかもしれません。さらに協力を超え、協働してもらうことができれば、より大きな問題もやすやすと解決できます。**協働をしてもらうには、リーダーシップ、コミュニケーション能力に加え、周りのモチベーションを上げる能力が必要です**。求心力がない人には誰も協力しませんし、独りよがりで周りの意見を聞かない人の言葉は誰にも伝わりません。ですから「リーダーシップ」「コミュニケーション」「モチベーション」の3つは、協働を誘発するのに欠かせません。**協働を誘発しながら問題解決までこぎつけたら、次に組織管理力が必要となります**。組織管理を徹底し、問題を未然に防ぐ方法を日常管理化して定着させます。この3つのサイクルを続けていくことで、会社組織は成長していくのです。

強固な問題解決・予防体制

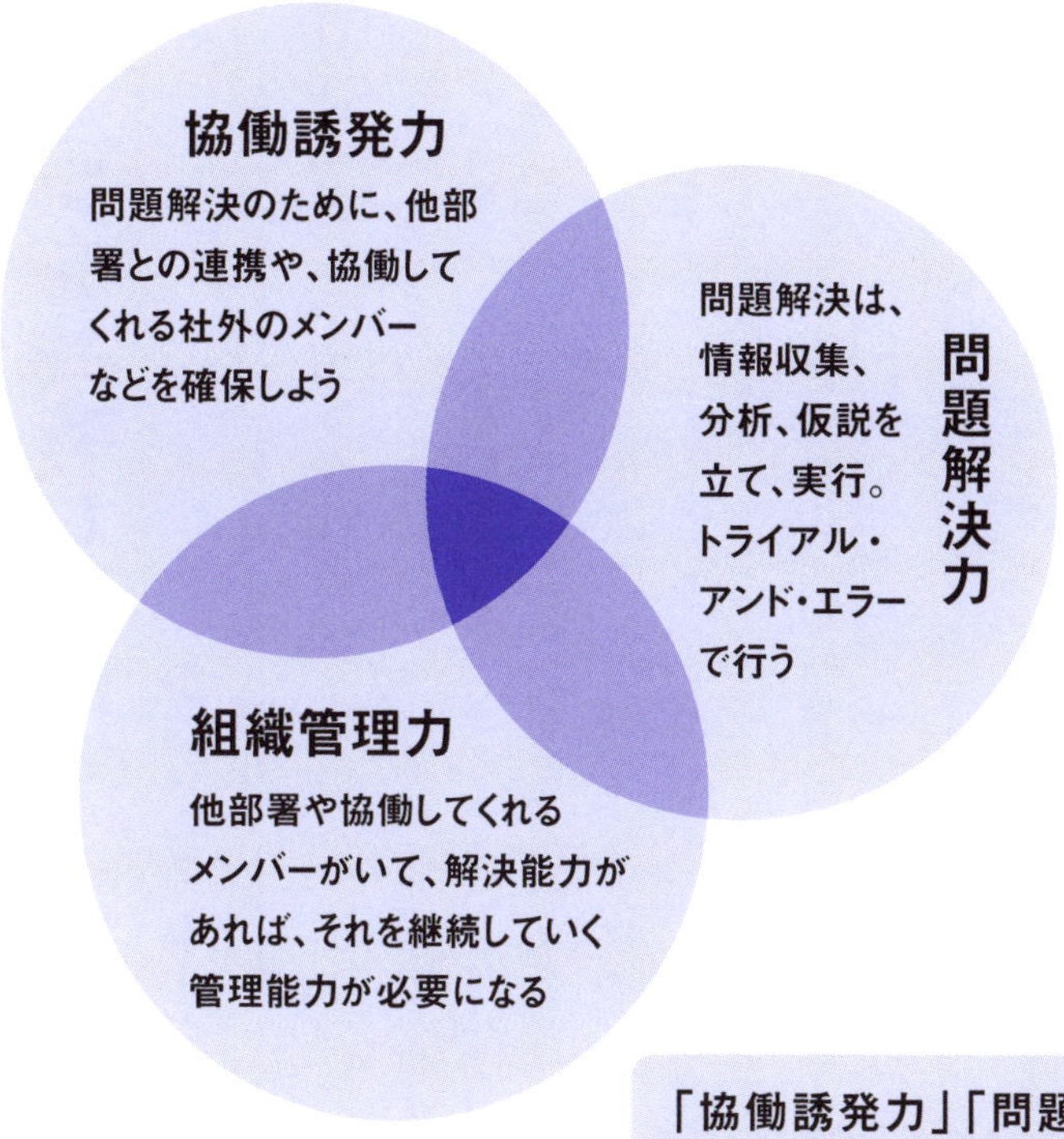
協働誘発力
問題解決のために、他部署との連携や、協働してくれる社外のメンバーなどを確保しよう
問題解決力
問題解決は、情報収集、分析、仮説を立て、実行。トライアル・アンド・エラーで行う
組織管理力
他部署や協働してくれるメンバーがいて、解決能力があれば、それを継続していく管理能力が必要になる

「協働誘発力」「問題解決力」「組織管理力」、この3つの力がバランスよく確保されることで、強い組織になる

8-10

ビジョンを共有し問題解決サイクルを作る

ジョン・コッターの8段階のプロセス

▼喜びを盛り込んだビジョンを作る

社員みんなで一つの大きなビジョンに向かい、その理想の姿と現状のギャップを埋めるような問題対策ができるような体質を作りましょう。ここでは**ハーバード大学ビジネススクール名誉教授のジョン・コッターによる8段階のプロセスを紹介**します。1、危機意識を高める、2、改革推進のチームを作る、3、ビジョンと戦略を生み出す、4、改革のためのビジョンを周知させる、5、社員の自発的行動を促す、6、短期間で成果を出す、7、その結果から、さらに分析し新たな改革案を出す、8、改革方法を定着させる、というものです。何か新しい改革をするときに、一番障害となるのは社内の人間だといいます。「これまで通りでいいだろう。これ以上仕事を増やさないでくれ」という人はどこにでもいるでしょう。だからこそ、現状維持を許容するような組織では5年後、10年後、生き残れないという危機意識をしっかり共有します。そこからビジョンの策定です。売上利益や給与だけではなく、社会貢献や自己実現などの喜びを盛り込んだビジョンを作りましょう。

ジョン・コッターの8段階のプロセス

1、危機意識を高める

↓

2、改革推進のチームを作る

↓

3、ビジョンと戦略を生み出す

↓

4、改革のためのビジョンを周知させる

↓

5、社員の自発的行動を促す

↓

6、短期間で成果を出す

↓

7、その結果からさらに分析し
新たな改革案を出す

↓

8、改革方法を定着させる

↓

問題解決

大きなビジョンに向かう!!

8-11

予防対策を加味したSWOT分析

新たなビジョンを明確にしよう

▼SWOT分析で、問題点を洗い出す

先述しましたが、「問題がないのが一番の問題」です。一つの問題を解決しても、現状に満足することなく成長を求めるならば、問題は尽きません。しかしうまくいっているときは、なかなか大きな改革は考えず、改善点も見つかりにくいでしょう。そんなときは、SWOT分析で、問題点を洗い出してみましょう。

左の図のように、「強み（Strength）」「弱み（Weakness）」「機会（Opportunity）」「脅威（Threat）」に分けて考えてみます。ここで重要なことは、勘違いは厳禁だということです。**長所と短所は表裏一体で、過去の成功体験にとらわれていると、長所と短所を見誤ることがある**のです。また機会に関しては、過去ではなく、今後訪れるだろうチャンスを記入しましょう。例えば、「飲食店を出す予定地のすぐそばに現在工事中のマンションがある」というように集客が見込める機会がある場合に記入します。また脅威は、競合の動きなどを確認するとわかりやすいかもしれません。

あるメーカーのSWOT分析

（強み） ・商品開発力	（機会） ・全国の小売店 ・ネットショップ
（弱み） ・ブランド力 ・資金力	（脅威） ・大手企業の類似商品発売

「強み」「弱み」「機会」「脅威」の4つの要素を、しっかりと熟慮しなければ、意味のない作業になってしまうので要注意!

8-12

問題解決に終わりはない

標準なきところにカイゼンなし

▼改善や問題解決を業務の一つにする

「終わりがない」と言われると、一気にやる気がなくなるという人がいますが、実は**私たちが行っていることのほとんどに終わりはない**のです。毎朝、昼、夜、ご飯を食べます。忙しい日が続くと食事を取るのも面倒になり、一度食べたら、一生何も食べなくても生きられる体になりたいと思ってもなれるはずはありません。出勤もそうでしょう。毎朝、満員電車に揺られ通勤する人は、毎日同じように揺られ、仕事もそれぞれに差はあるものの毎日同じようなことを続けています。ダイエットにも終わりはありません。一時期集中的に取り組んで素晴らしい結果を残したとしても「終わった」と思った瞬間、リバウンドがくるでしょう。問題解決も同じです。業務が進んでいけば、日々些細な問題は生まれますし、その対策をとらなければ、悪化の一途をたどり、最悪なケースになることもあります。改善や問題解決などを標準化し、ごく当たり前の業務の一つにするのです。組織全体にこの考え方が浸透すれば、変化に強く、高い競争力を持つ会社になれるでしょう。

成長のスパイラル

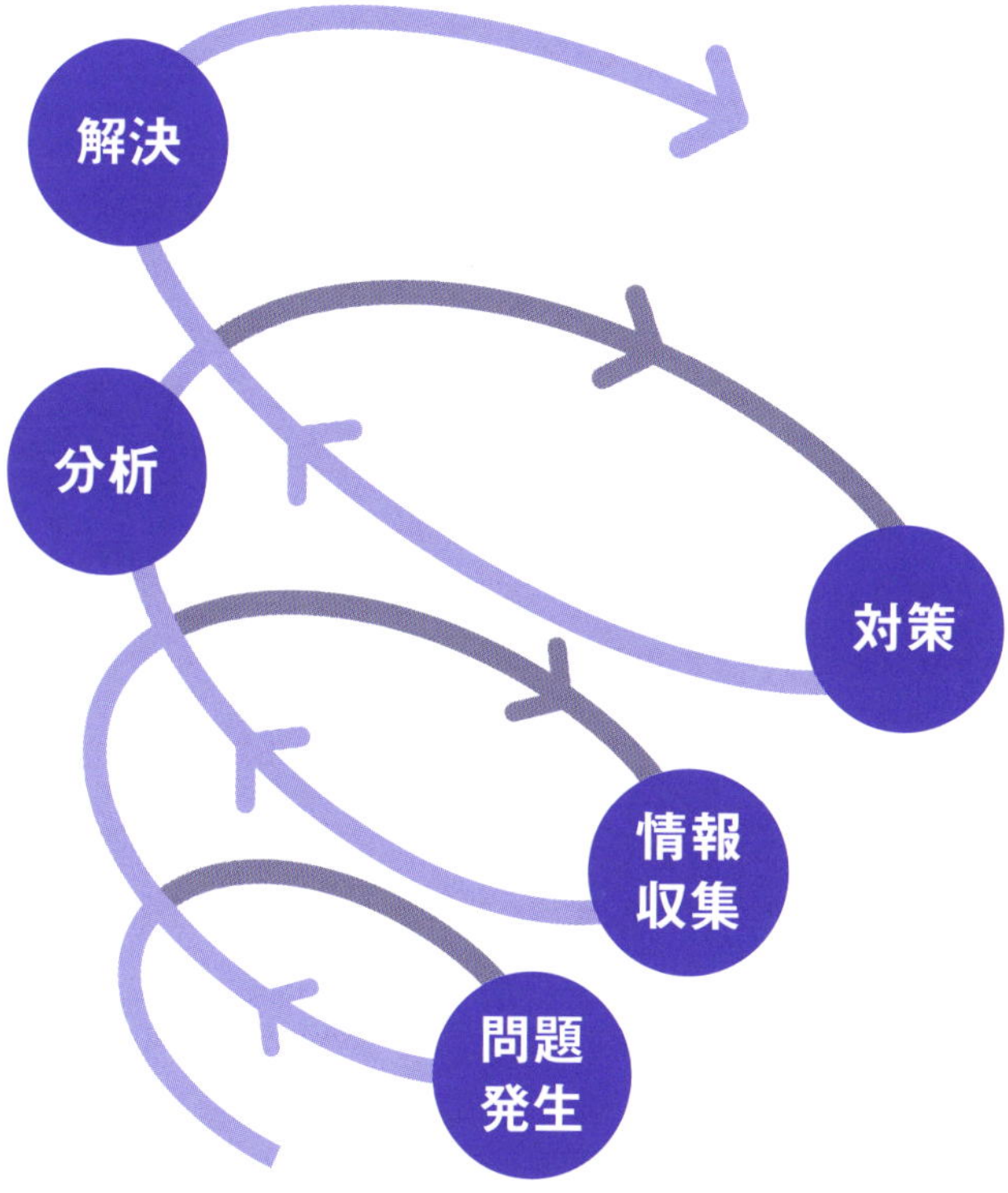

「問題発生」「情報収集」「分析」「対策」「解決」といった一連の作業を行い続けることで、正のスパイラルができる

コラム

問題解決に2つとして同じものはない

よくあるミスは、その問題の本質を把握しないで、以前、同じような案件だと思い込み、以前と同じ方程式を当てはめてしまうことです。町おこしをする際、この手でよく失敗するのだと聞いたことがあります。

例えば、過疎のAという温泉地の町おこしを行い、観光客も増え、それなりの成果が出たとしましょう。次に町おこしを行うBという地域のデータを見ると、温泉郷という特徴、人口、高齢者の割合も前回の地域と非常によく似ています。だからといって、深く考えもせず、Aの温泉地の町こし政策と同じ方法を取り入れてしまえば、失敗してしまうでしょう。

なぜならば土地柄や地域色の違いを考慮していないからです。さらに一番重要なことは、地元住民の気持ちです。その気持ちを考えず、目に見えるデータだけでつくられた解決策は、無用なものです。

社内の問題も同じ。社員や部下の感情や気持ちを除外して問題解決策を立てたとしても効果はありません。フレームワークや方法論は、あくまでも方式です。その方式に現場、現状、また人の心を考慮した上で問題解決策を考えましょう。

おわりに

〝問題解決〟は、いまやビジネスパーソンにとって必要不可欠なテーマとして認知されており、本書を手にとられた皆さんも、日々の業務の中で様々な問題に向き合っていることだと思います。

書店のビジネスコーナーに足を踏み入れると、〝問題解決〟をテーマに取り上げている本がたくさん並んでおり、どの本を読むのがベストなのか悩まれた方も多いのではないでしょうか。

あるひとつのやり方を追求することで達人の域に達することも大切ですが、一方で、異なるやり方をとった場合に全く違う部分が見えてくることもありますね。そういう意味でも、様々なアプローチ方法があるということを、知っているのと知らないのとでは大きな差が生まれます。

私が監修者の立場として、本書に目を通して思ったのは、世の中に様々なアプローチで紹介されている〝問題解決〟というテーマの基本部分を網羅しており、読者の皆さんが自分に合うアプローチを見つけるという点において、非常に適した本だなぁということです。

まずは、皆さんが直面している問題を解決するにあたり、いくつかのアプローチ方法を試してみてください。

私が務める経営コンサルタントという職業は、この〝問題解決〟というテーマにおいてはプロフェッショナルでなければなりません。

クライアント企業が抱えている複雑な問題を、いかにシンプルに捉え直していくのか。仕事内容の違いや置かれている立場の違いから起こる問題認識の違いについて、いかにして合意形成を図っていくのか。

最も声の大きな（権威を持っている）人や部門が主張することに対して誰も異論を挟めないような社内環境をいかにして打破していくのか。

組織における〝問題解決〟に関しては、解決に向かっていくアプローチよりもむしろ、「この問題こそが解決すべき最も重要な問題である」という合意形成の方が余程難しいケースが少なくありません。

「確かにそれも問題のひとつだけど、自分が考えている問題の方が重要だ」といった考えを持っている人が多ければ多いほど、問題は解決に向かっていかないわけです。

では、〝問題解決〟のプロフェッショナルを自負する経営コンサルタントは、どんなアプローチをしているのでしょうか。

本書でも紹介されているように、手法はいくつもありますが、何よりも重要なポイントは徹底した事実の洗い出しです。

従業員を集めて議論をしようとすると、その場では様々な意見が飛び交います。「わが社の製品は価格競争力がない」「わが社の営業のスキルが低い」「ゆとり世代の若手社員のモチベーションが低い」「部門間のコミュニケーションが希薄だ」等々、一見するとどれもが問題のようにも思えますが、これはあくまでも意見です。

問題解決において大切なのは事実ですから、ここで議論を深めなければならないのは、「何をもって価格競争力がないという意見が出てきているのか」。これを出さなければなりません。事実をすべて俎上に上げなければ、本当に価格競争力がないのかどうかは誰にも判断できないのです。

経営コンサルタントのような客観的な立ち位置にいると「事実ベースで話す」ことこそが〝問題解決〟のスタートだという話はしやすいのですが、こと「自分たちの会社」という立ち位置で議論をしようとすると、「皆、同じ意見だよね」という阿吽の呼吸みたいなものを求められて、なかなか事実を洗い出そうという流れになりません。

データも揃っていなかったりすると、〝事実〟を明確にするために結構な分量の作業が発生したりすることもあり、「いやいや、そこまでやらなくても大筋わかっているよね」と妥協してしまうわけです。

〝問題解決〟を円滑に進めるためには、事実の洗い出しが必要不可欠であり、事実の収集に労を惜しんではならない。

これだけは肝に銘じながら、〝問題解決〟に取り組んでみてください。

皆さんのご活躍を祈っています。

川原慎也

参考文献一覧

『プロの課題設定力─問題解決力より重要なビジネスリーダーのスキル』著／清水久三子　東洋経済新報社
『問題解決─あらゆる課題を突破するビジネスパーソン必須の仕事術』著／高田貴久、岩澤智之　英知出版
『マッキンゼー式　世界最強の問題解決テクニック』著／イーサン・M・ラジエル、ポール・N・フリガ　訳／嶋本恵美、上浦倫人　ソフトバンククリエイティブ
『たった2つの質問だけ！　いちばんシンプルな問題解決の方法』著／諏訪良武　ダイヤモンド社
『トヨタの問題解決』著／OJTソリューションズ　中経出版
『知りたいことがすぐわかる！　上手な問題解決の方法が面白いほどわかる本─個人と組織の現場力を高めるポイント35』編著／萩原正英　中経出版
『問題解決の実学─企業を変える3つの力』著／斎藤顕一　ダイヤモンド社
『世界一やさしい問題解決の授業』著／渡辺健介　ダイヤモンド社
『問題解決力を鍛えるトレーニングブック』著／奈良井安　かんき出版
『問題を整理し、分析する技術』著／日本能率協会コンサルティング　日本能率協会マネジメントセンター
『新版 問題解決プロフェッショナル　─思考と技術』著／齋藤嘉則　ダイヤモンド社
『ザ・マインドマップ　─脳の力を強化する思考技術』著／トニー・ブザン、バリー・ブザン　訳／神田昌典　ダイヤモンド社
『問題発見プロフェッショナル─構想力と分析力─』著／齋藤嘉則　ダイヤモンド社
『問題解決に効く「行為のデザイン」思考法』著／村田智明　CCCメディアハウス

『問題解決ラボ―「あったらいいな」をかたちにする「ひらめき」の技術―』著／佐藤オオキ　ダイヤモンド社
『21世紀のビジネスにデザイン思考が必要な理由』著／佐宗邦威　クロスメディア・パブリッシング
『ポケット図解 問題解決がよ～くわかる本』著／駒井伸俊　秀和システム
『問題解決フレームワーク大全』著／堀公俊　日本経済新聞出版社
『問題解決ファシリテーター―「ファシリテーション能力」養成講座―』著／堀公俊　東洋経済新報社
『現場で使える 問題解決・業務改善の基本』著／小倉仁志　日本実業出版社
『実践システム・シンキング―論理思考を超える問題解決のスキル―』著／湊宣明　講談社
『実戦！問題解決法』著／大前研一、斎藤顕一　小学館
『問題解決力がみるみる身につく 実践 なぜなぜ分析』著／小倉仁志　日本経済新聞出版社
『新版 図解・問題解決入門―問題の見つけ方と手の打ち方―』著／佐藤允一　ダイヤモンド社

索引

【数字・アルファベット】

3×3思考……60
3C……56
3つの視点……150
4P……112
4W……80
5つのプロセス……170
6W2H……58
7つのカギ……70
ABC分析……84
ECRS……108
HOW思考……72
KGI……156
KPI……156
KSF分析……110
MECE……106
PDCA……180
SWOT分析……186

【あ】

あるべき姿……60
意図……160
インタビューシート……64

【か】

回帰分析……86
仮説……24
仮説思考……40
危機感……152
帰無仮説……50
競合……148
競争相手……56

協働誘発力……182
業務日報……168
経営資源……92
現実……114、170
現状……60
現場……114、170
現物……114、170
合意形成……44
顧客……56、148

【さ】
三現主義……114、170
自社……56
実施事項……160
シナリオ分析……94
主成分分析……86
状態化……46
情報……26
将来とのギャップ型……38、124
ゼロベース思考……40
想定型……38、124
組織管理力……182
組織風土……92

【た】
対象……160
タスク……172
達成度……160
タテの質問……102
チェックシート……168
定着……32
トライアル・アンド・エラー……24、126、154

【な】
なぜなぜ5回……42
悩み……144
ナレッジマネジメント……178
日常管理……168

【は】
バイアス……68
発生型……38、124
判別分析……86
ビジョン……98、182
フレームワーク……112、122
プロコン分析……138
プロセス……92
分析……28
方針管理……166

【ま】
マイルストーン……174
見える化……172
目標設定……100、162
問題……20、144
問題解決……22
問題解決サイクル……184
問題解決力……182
問題点……30、60

【や】
ヨコの質問……102
余裕……152

【ら】
理想追求型……38、124
論拠……116

川原慎也（かわはら・しんや）

船井総合研究所・上席コンサルタント。PDCA マネジメントコンサルティングの第一人者として、中小企業から大手企業に至るまで、企業規模特有の課題を踏まえたコンサルテーションを展開。クライアント企業の幹部を巻き込みながら、"変化"を推進していく手法によって、低迷していた業績を回復に導いた実績は数多く、「結果的に次世代リーダーの輩出に繋がった」と高い評価を獲得。著書に『これだけ! PDCA』(すばる舎リンケージ)、『[ポイント図解]PDCA が面白いほどできる本』(KADOKAWA)、『図解&事例で学ぶ PDCA の教科書』ほか多数。

桝本誠二（ますもと・せいじ）

株式会社クリエイターズアイ代表取締役。1973 年生まれ。広島県出身。雑誌編集者から、書籍編集者へ。ノンフィクション、時事関連の書籍編集部編集長を経て、ビジネス書系出版社へ転職。現在は、ビジネス書、ノンフィクション書籍の執筆・編集に従事している。また出版プロデュース、出版コンサルタント、出版セミナー、企業コンサルタントも行っている。

図解&事例で学ぶ 問題解決の教科書

2016 年 9 月 30 日　初版第 1 刷発行

監　修　川原慎也
著　者　桝本 誠二
発行者　滝口直樹
発行所　株式会社マイナビ出版
〒 101-0003 東京都千代田区一ツ橋 2-6-3 一ツ橋ビル 2F
TEL 0480-38-6872（注文専用ダイヤル）
TEL 03-3556-2731（販売部）
TEL 03-3556-2733（編集部）
Email：pc-books@mynavi.jp
URL：http://book.mynavi.jp

装丁　戸塚みゆき（ISSHIKI）
本文デザイン＆ DTP　梶川元貴（ISSHIKI）
印刷・製本　図書印刷株式会社

ISBN978-4-8399-5762-9
Printed in Japan